Hannelore]

Ein ganz besond

Von Null auf Hundert behindert,
doch trotzdem glücklich

Die Autorin
Hannelore Rüsch, Jahrgang 1967,
gelernte Apothekenhelferin.
Mutter von drei Kindern,
zur Zeit Hausfrau und Familienmanagerin.
Seit über 25 Jahren glücklich verheiratet.

Gerne können Sie mit mir
Kontakt aufnehmen:
http://behindert-besonderes-leben-hanne.jimdo.com/

Originalausgabe
ISBN: 9781518803826

Titel: **Ein ganz besonderes Leben**
     Von Null auf Hundert behindert,
       doch trotzdem glücklich

Autor und Verlag: Hannelore Rüsch
1.Auflage 2015
Copyright © 2014 by Hannelore Rüsch

i

Hannelore Rüsch

Ein ganz besonderes Leben

Von Null auf Hundert behindert,

doch trotzdem glücklich

Besonderen Dank gilt meiner Tochter Katharina,

und meinem Mann, die mich beide großartig

unterstützt und lektoriert haben.

Inhalt

Prolog

Ich öffne die Tür und werde schon von meinen zwei Großen erwartet, Katharina ist zehn und Martin sieben Jahre alt. Was bin ich doch für ein Glückspilz, denn alles läuft prima. Ich habe einen tollen Mann, zwei fröhliche, gesunde Kinder und ein nettes kleines Häuschen mit Hof und Garten. Wir führen ein so schönes glückliches Leben, unsere kleine heile Welt, es könnte immer so weiter gehen.

Durch die Kinder sind viele Freundschaften entstanden und oft treffen wir uns mit anderen Familien. Zum Beispiel beim Kinderturnen, in der Schule oder wir verleben lustige Stunden auf den Spielplätzen.
So genießen wir die Gemeinschaft und das turbulente Leben, doch irgendwie fühlen wir uns noch nicht so richtig komplett. Deswegen beschließen mein Mann und ich, dass wir noch einmal so ein süßes Baby in den Armen halten möchten.

Da ich schon fünfunddreißig Jahre alt bin setzen wir uns aber ein Limit, bis vierzig wollen wir es riskieren. Sollte es bis dahin nicht klappen, vergessen wir das Ganze, dann soll es eben nicht mehr sein. Die zwei anderen Schwangerschaften kamen nur mit hormoneller Unterstützung zustande, dass möchten wir dieses Mal nicht. Entweder ohne Hilfsmittel oder gar nicht mehr, wir lassen Gott entscheiden.

Die Macht der Gedanken

Wir bewohnen den oberen Stock in unserem kleinen Häuschen. Vor einiger Zeit haben wir für unsere große Tochter Katharina den Dachboden ausgebaut und ihr so ein eigenes kleines Reich geschaffen. Ein schönes helles Kinderzimmer unterm Dachgiebel mit Blick über die Häuser. Dadurch hat auch Martin nun sein eigenes Zimmer, neben unserem Schlafzimmer im ersten Stock.

Früher mussten sich die Kinder diesen kleinen Raum, zugestellt mit Etagenbett und einem Schrank voller Spielzeug, teilen. Aus Platzmangel waren ihre Kleidungstücke bei uns im Schlafzimmer untergebracht. Heute haben wir, mit dem noch dazugehörigen Wohnzimmer, der Küche und den Kellerräumen ein bisschen mehr Platz zur Verfügung.

Harald, mein Mann, hat das Haus von seinem Opa geerbt. Leider können wir nicht das gesamte Gebäude nutzen, da im Parterre noch die Stiefoma wohnt, die dort ihr lebenslanges Wohnrecht genießt. Großvater hatte mit seinen 80 Jahren noch einmal geheiratet und verstarb fünf Jahre später.Leider ist das Verhältnis zu der angeheirateten Frau nicht das Beste, sie war wohl enttäuscht nicht alles geerbt zu haben. Seit Katharina auf der Welt ist, ist das Zusammenleben etwas besser geworden, wir pflegen oberflächlichen Kontakt.
Sie mag unser Mädchen sehr, sie darf bei ihr ein- und ausgehen. Die betagte Dame genießt diese Stunden, da sie nur wenig Freunde und keine Verwandten hat. Mit Martin hat sie von Anfang an kaum etwas am Hut.

Doch ab und zu schlüpft er mit Katharina zu ihrer Tür hinein und dann belustigen die zwei die Stiefoma.

Wir arrangieren uns mit der Dame, wie auch mit den beengten Wohnverhältnissen.

Zum Glück gibt es einen Hof und einen schönen Garten: Mit Sandkasten, Schaukel, Spiel- und Blumenwiese und Gemüsebeeten. Da bleibt dann doch genug Platz zum Toben.

Mein aller schönster Lieblingsplatz ist unsere Hängematte, die zwischen zwei Apfelbäumen gespannt ist, in ihr kann man so wunderbar abschalten. Man fühlt sich fast wie im Paradies, wenn durch die raschelnden Blätter die Sonnenstrahlen auf die Haut fallen oder man den Apfelblüten beim Wachsen zuschauen kann. Im Sommer stellen wir oft ein Planschbecken mit einer kleinen Rutschbahn auf. Da sausen die Kinder dann mit Karacho und Juchee ins kühle Nass.

Neben allerlei Blumen und Stauden finden sie immer etwas zu naschen in unserem kleinen Schlaraffenland: Erdbeeren, Himbeeren, rote und schwarze Johannisbeeren, Stachelbeeren und natürlich die leckeren grünen Erbsen. Alles verschwindet in den hungrigen Mäulchen. Unsere zwei Kinder verstehen sich einfach super, was uns Eltern sehr glücklich macht. Alles in allem sind wir eine fröhliche Truppe.

In der warmen Jahreszeit sitzen wir oft draußen im Hinterhof, dort stehen viele Blumenkübel und ein alter Weinstock rankt um den unverputzten Schuppen.

Am Wochenende schaut öfters meine nette Schwiegermama vorbei. Bei uns trifft das übliche Klischee, von wegen böse Schwiegermutter, absolut nicht zu, wir verstehen uns blendend. Manchmal werfen wir den Grill an und genießen gemeinsam so manche laue Sommernacht. Wenn es sehr heiß ist, fahren wir mit den Kindern am liebsten ins Freischwimmbad, wo wir oft auf Freunde treffen. So werden ganze Nachmittage verbummelt.

Des Öfteren ertappe ich mich bei dem Gedanken, wie es wäre noch einmal ein Kind zu bekommen. Wieder alles von vorne, will ich das wirklich? Nachts aufstehen, Windeln wechseln und Fläschchen machen. Alles nochmal auf Anfang, jetzt wo meine zwei schon so groß sind?

Mit ausschlaggebend ist ein Frauenarztbesuch. Die Arzthelferin, die mich schon lange kennt meint, ob die Familienplanung nun abgeschlossen sei, als hätte sie meine Gedanken erraten. Ich erzähle ihr von meiner Sehnsucht nach noch einem Baby aber auch von meinen Bedenken. „Wenn nicht jetzt, wann dann? Später bereuen sie es vielleicht, es nicht noch einmal versucht zu haben," sagt die Helferin. „Was spricht dafür, was dagegen?" Ihre Worte arbeiten in meinem Kopf.

Zusätzlich beeinflusst meine Entscheidung, dass ich so ungern alleine bin. Seit ich denken kann plagen mich Verlustängste. Zwar habe ich im Laufe der Jahre gelernt damit umzugehen, doch gerne vermeide ich solche Situationen. Darum wäre es toll einen Nachzügler zu haben, denn wenn meine zwei Großen irgendwann ausziehen, hätte ich dann noch eine Aufgabe. Ein verrückter Gedanke.

Diese Verlustängste begleiten mich fast schon mein ganzes Leben. Besonders schlimm erwischten sie mich das erste Mal bei meiner Einschulung. Obwohl meine Mutter mir versicherte, mich wieder abzuholen und mein bester Schulfreund mit mir in die Klasse ging, heulte ich wie ein Schlosshund, als ich mit den anderen Kindern im Schulgebäude zurückblieb. Nur schwer gewöhnte ich mich daran, Dinge ohne meine geliebte Mama zu tun.

Später beschlich mich immer Panik bei dem Gedanken, meine Mutter könnte nicht zuhause sein, wenn ich heimkomme. Darum log ich, wenn mal am Ende eine Unterrichtsstunde ausfiel es sei niemand daheim, nur um nicht eventuell vor verschlossener Tür zu stehen. Auch nachts dachte ich oft meine Eltern würden weggehen, mich verlassen, wenn ich schlief, was sie natürlich nie machten. Immer und überall wollte ich mitgehen, konnte im Kindesalter nicht alleine zuhause sein.

Meine beste Freundin verstand das überhaupt nicht. Sie fand es cool sturmfreie Bude zu haben und genoss es richtig, wenn ihre Eltern ausflogen. Wenn meine Eltern mal ausgingen musste immer eine meiner älteren Schwestern auf mich aufpassen. Erst nach der Pubertät wurde es mit den Ängsten besser. Viel später erfuhr ich den Grund meiner Panikattacken.

Ein Kindheitstrauma war die Ursache. Es entstand als ich neun Monate alt war und ins Krankenhaus musste. Mein Bauch war damals geschwollen und ich weinte nur noch. Nach den Untersuchungen nahmen die Ärzte meine Eltern zur Seite und äußerten den Verdacht einer Leukämie, sie hätten ja noch zwei gesunde Mädchen. Meine Eltern waren geschockt und als wenn das nicht schon schlimm genug gewesen wäre, kam noch obendrauf, dass sie mich die ganze Zeit im Krankenhaus nicht besuchen durften. Kein Streicheln, keine Umarmung, kein tröstendes Wort.

Nur durch eine dicke Glasscheibe konnten sie einen Blick auf mich werfen. Ein Horror für beide Seiten.

Solche Zustände sind heute undenkbar doch damals war es eben so, da musste man durch. Zum Glück stellte sich heraus, dass ich nur eine Leberentzündung hatte und dadurch an einer Anämie litt. Diese wurde mit Medikamenten behandelt und nach sechs langen Wochen durfte ich in die Arme meiner Eltern zurück. Später mit eineinhalb Jahren musste ich noch einmal für zwei Wochen, für eine Abschlusskontrolle, in dieses Krankenhaus.
Als meine Eltern mich wieder an der Pforte abgaben, schrie ich wie am Spieß. Meine Lieben durften mich abermals nur hinter Glas besuchen. Als ich die Geschichte nach 20 Jahren von meiner Mutter erfahre, begreife ich auf einmal, warum ich immer so anders war. Ich glaube durch dieses Erlebnis, wochenlang getrennt von den Eltern, habe ich solche Verlustängste entwickelt. Sie verfolgen mich heute noch manchmal und beeinflussen den Entschluss für noch ein Baby. Ja, ich möchte noch ein drittes Kind, die Entscheidung ist gefallen.

Jeden Abend schließe ich nun meinen Kinderwunsch in mein Gebet mit ein: „Lieber Gott, ich wünsche mir, dass es noch einmal klappt, ganz ohne Hilfsmittel, ein gesundes, fröhliches Kind. Vielleicht mit einem kleinen Handicap, das man nicht auf den ersten Blick sieht, damit das letzte Kind etwas länger bei mir bleiben kann, sodass ich noch lange eine Aufgabe habe." Ich schließe mein Gebet und es schießt mir durch den Kopf: „Oh Gott, wie kann ich mir so etwas wünschen. Ich bin verrückt, so etwas tut man nicht."

Schnell schicke ich ein Stoßgebet hinterher. „Bitte, bitte lieber Gott falls ich noch einmal ein Baby bekomme, dann lass es gesund sein. Bitte!!!"
Meine Verlustängste haben mich wieder einmal eingeholt, ich fasse es nicht. Hoffentlich wendet sich alles zum Guten.

Nach nur drei Monaten geschieht das Unglaubliche, meine Regel bleibt aus. Ich kann es kaum glauben, denn bei Katharina mussten wir zweieinhalb Jahre und bei Martin ein Jahr warten und jetzt soll ich so schnell schwanger sein? Ein Wunder wäre das, so völlig ohne Hilfe, einfach so. Wie in Trance laufe ich durch die Wohnung und bin zu nichts zu gebrauchen. Ich mache einen Schwangerschaftstest und warte aufgeregt auf das Ergebnis.
Verrückt, er ist wirklich positiv und ich kann es kaum erwarten, es meinem Mann mitzuteilen. Als er endlich von der Arbeit nach Hause kommt halte ich ihm den Test unter die Nase.
Ungläubig schauen wir auf das positive Ergebnis und trauen uns kaum uns zu freuen. Vielleicht ist der Test ja falsch, es war doch noch nie so einfach. Kann es wirklich sein?

Es vergehen ein paar Tage bis ich einen Termin beim Frauenarzt habe, der endgültige Gewissheit bringt. Es besteht kein Zweifel, ich bin wirklich schwanger. Wie betrunken vor Glück verlassen wir die Praxis und lassen unserer Freude freien Lauf. Gottes Wege sind fantastisch.

Das Abenteuer beginnt

Unser drittes Wunschkind ist wirklich unterwegs, ein gewollter Nachzügler, wir freuen uns so sehr. Es ist einfach der Wahnsinn!!! Das Wunder beginnt. Glücklich schauen wir auf das erste Ultraschallbild.
Nach ein paar Wochen erzählen wir es unseren Familien. Katharina und Martin freuen sich über die Verstärkung, aber Omas und Opas sind eher verhalten. Wie noch ein Kind, wolltet ihr das? „Hoffentlich ist es gesund, in deinem Alter nochmal schwanger," bekomme ich von meiner kinderlosen Schwester zu hören. Euphorie hört sich irgendwie anders an. Wir sind etwas enttäuscht, dass die anderen unser Glück nicht so recht mit uns teilen. Aber wir sind frohen Mutes, es wird schon alles gut werden.

Im Juli fliegen wir mit unseren Freunden und deren zwei Kindern in den Sommerurlaub. Eigentlich wollen wir in die Türkei. Schon um Weihnachten herum buchen wir im Reisebüro, ein super Kinderhotel direkt am Meer, mit Animation und All Inklusive. Doch es kommt anders.

Zwei Wochen vor Abflug erhalten wir ein Telegramm. Leider werden wir vier und unsere Freunde mit den zwei Kindern in ein anderes Hotel umgebucht, angeblich gleichwertig. So etwas haben wir noch nicht erlebt. Das Hotel gefällt uns gar nicht, denn es liegt nicht direkt am Strand und um dort hin zu gelangen muss man über eine befahrene Uferstraße laufen und direkt unter dem Hotel ist auch noch eine Diskothek. In diese Unterkunft wollen wir garantiert nicht reisen, sauer und aufgeregt stürmen wir das Reisebüro. Nach zwei Stunden hin und her haben wir endlich eine Lösung gefunden, es geht nach Ägypten. Nur dort ist noch so kurzfristig für acht Personen etwas frei. Der Reiseveranstalter kommt uns auch mit dem Preis etwas entgegen und so verlassen wir einigermaßen besänftigt das Büro.

Endlich ist der lang ersehnte Abflugtag da und wir sitzen im Flieger. Von oben sieht man die Pyramiden, es ist unglaublich.

Was wir aber nicht bedacht haben, hier in Ägypten ist jetzt Hochsommer, das bedeutet 40 Grad im Schatten und 70 Grad in der Sonne. So wird die Klimaanlage unser bester Freund und am besten lässt sich die Hitze im kühlen Zimmer oder im Wasser aushalten. Auf den Ausflug zu den Pyramiden und eine Nilrundfahrt verzichten wir lieber, bei diesen hohen Temperaturen wäre es nur Strapaze.

So schaffen wir gerade mal einen Trip ins nahe gelegene Hurghada zu einem Einkaufsbummel und einen Schnorchelausflug zu machen. Ein Motorboot bringt uns zu einem riesigen Riff, wo wir herrlich bunte Fische und Korallen sehen, ein tolles Abenteuer im glasklaren Meer.

Die schöne gepflegte Hotelanlage, das leckere Essen und der super Strand mit einem kleinen Riff direkt vor der Haustür versüßen uns die zwei Wochen All Inklusive Urlaub. Auch unsere Kinder sind glücklich, dass sie Ihre Freunde dabei haben, so ist immer jemand zum Spielen da. Trotz dem schlechten Start wird es doch noch ein schöner Urlaub und die Zeit geht viel zu schnell vorbei.

Mir geht es in den ersten Schwangerschaftswochen nicht so gut, Übelkeit und schlapp sein ist angesagt, erst ab der 16. Woche wird es besser.

In der 18. Woche sieht man auf dem Ultraschallbild, wie das Baby sich an meine Bauchwand schmiegt. Die 22. Woche verrät, dass es ein Junge wird. Manchmal ist er ganz schön aktiv und schlägt Purzelbäume in meinem Bauch. Alles in allem ist die Schwangerschaft dieses Mal etwas anstrengender, ich bin halt keine 20 mehr. Ich würde das Kind gerne Felix nennen, da gibt es so eine lustige Werbung im Fernsehen mit einem schwarzweißen Kater, der Felix heißt. Aber meine Schwiegermutter und auch mein Mann raten eher ab, denn sie kennen behinderte Personen mit diesem Namen und meinen es sei ein schlechtes Omen. So nehmen wir lieber Florian und haben doch keine Macht das Schicksal aufzuhalten.

Meine Schwester äußert auch noch einmal ihre Bedenken: „Wie kannst du noch ein drittes Mal schwanger werden, ihr habt doch zwei gesunde Kinder, warum riskiert ihr mehr? Hoffentlich ist das Kind gesund." Ich schüttle alle Zweifel ab, denn ich bin stets Optimist, es ist zweimal gut gegangen, so wird es auch ein drittes Mal gut gehen.

Bedenken kommen mir nur einmal nach einem verrückten Erlebnis. Die Großen sind schon in der Schule, als ich eines morgens zur Haustür raus komme und einen dumpfen Schlag höre. Etwas muss im Schuppen aus dem Regal gefallen sein? Schon sehe ich Rauch unter der Schuppentür hervor quellen. „Oh mein Gott, es brennt!", schießt es mir durch den Kopf. Hilfe!!!! Was tun? Vorsichtig und voller Panik schließe ich die Tür auf und sehe, dass es aus dem kleinen Wandschrank qualmt. Zitternd vor Angst öffne ich die Schranktür mit einem langen Stock und entdecke das rauchende Rattengift. Anscheinend ist es übergegangen und die Packung mit lautem Knall geplatzt. Ich greife nach ein paar alten Lappen und schnappe mir die rauchende Dose und hoffe, dass sie nicht gleich in Flammen steht, man weiß ja nie. Mein Herz pocht mir bis zum Hals, als ich den Behälter zum Hoftor hinaus auf den gegenüberliegenden Grünstreifen werfe. Geschafft!!!

Nach ein paar Minuten ist der Spuk vorbei und die Dose hat aufgehört zu dampfen. Bei der ganzen Aktion atme ich natürlich auch etwas von dem stinkenden Qualm ein und mir wird schlagartig das Ausmaß der Aktion bewusst. Oh nein, ich bin doch in der 23. Woche schwanger! Wie kann ich so dumm sein und mich und mein ungeborenes Kind solcher Gefahr aussetzen? Warum habe ich nicht die Feuerwehr gerufen? Ich hoffe und bange, dass ich keine Fehlgeburt erleide. Ich bete und bitte Gott mir das Kind zu lassen und dass es gesund ist. Zum Glück vergehen die Wochen und ich bleibe schwanger, alles sieht gut aus.

In den letzten Wochen der Schwangerschaft kann ich schlecht laufen und irgendwie drückt das Gewicht auf meinen Oberschenkelnerv und verursacht Schmerzen beim Gehen. Alles ist beschwerlich geworden, meine Kugel ist immer irgendwie im Weg.

Schon oft wird nun der Bauch mehrmals hintereinander hart. Es sind die ersten Vorwehen, das Baby übt schon fleißig für den großen Tag. Ich wünsche mir, dass es bald losgeht. Irgendwann hat man einfach genug.

Freitag, den 18.2.2003 ist es endlich soweit. Seit 11.30 Uhr habe ich auf einmal massive Wehen, aus heiterem Himmel. Mein Mann und ich sind gerade in einem Wartezimmer, weil er starke Schmerzen im rechten Arm hat. Während wir da sitzen rollt jede Minute eine starke Wehe heran und ich werde langsam nervös, sollen wir noch warten oder gehen?

Doch nach ein paar Minuten wird Harald aufgerufen und bekommt eine Sehnenscheidenentzündung diagnostiziert und einen Gips verpasst. Wenn das so weiter geht fahren wir gleich danach in die Geburtsklinik, geht es mir durch den Kopf, hoffentlich sind die im Behandlungszimmer gleich fertig. Puh, endlich ist es geschafft und wir verlassen die Praxis. Doch als wir vor die Tür treten sind die Wehen auf einmal wie weggeblasen. Was war das denn? Hat Florian es sich doch noch einmal anders überlegt?

Der Tag verläuft komisch, den ganzen Nachmittag ist es sehr still in meinem Bauch. Ich spüre kaum noch Kindesbewegungen und werde ganz unruhig. Darum entschließe ich mich, nach Martins Kinderturnen doch mal lieber in die Klinik zu fahren. Nur vorsichtshalber zur Kontrolle, damit ich mich wohler fühle. Nachdem ich Martin zuhause abgeliefert habe, fahre ich zur 15 Minuten entfernten Klinik.

Dort angekommen und angemeldet, warte ich eine halbe Stunde, bis ich an den Wehenschreiber gehängt werde. Der zeigt leichte Wehen an aber nichts Wesentliches. Sicherheitshalber wird noch ein Wehenbelastungstest gemacht, um zu sehen, ob es dem Kind unter Wehen gut geht. Dazu wird ein Mittel gespritzt, dass die Wehentätigkeit anregt, die normalerweise nach kurzer Zeit wieder aufhört. Wenn alles im grünen Bereich ist kann ich anschließend nachhause gehen aber dazu kommt es nicht mehr.

Zwar sind Florians Werte gut, aber nach diesem Test gehen die Wehen weiter und weiter und wollen gar nicht mehr aufhören. Minute zu Minute doller. Also bleibe ich am Wehentropf und lasse mir noch ein Schmerzmittel spritzen. Mein Mann wird angerufen, dass er sich so langsam auf den Weg machen und meine Sachen mitbringen soll, es ist 20.45 Uhr. Zuerst muss meine bessere Hälfte die Kinder noch zu Oma und Opa bringen, die zum Glück nur um zwei Ecken wohnen. Dann sich ein Taxi bestellen, da er wegen dem Gips ja nicht selber fahren kann. Leider lässt das Taxi auf sich warten, was meinen Mann aber nicht sonderlich beunruhigt, denn laut Krankenschwester könne er sich ja Zeit lassen.

Doch weit gefehlt, denn plötzlich überschlagen sich die Ereignisse. Auf einmal platzt meine Fruchtblase. Wehe für Wehe rollt heran, doller und doller, kaum noch zum Aushalten. Die Hebamme fragt ungläubig: „Ist es denn schon so schlimm?" „Ja", schnaufe ich und kann kaum noch die Wehen veratmen. Nach nochmaliger Untersuchung wird die Schwester hektisch. "Um Gottes Willen! Ab in den Kreißsaal." In ihrer Panik stolpert sie über den Ständer des Wehentropfes und reißt ihn zu Boden. Der Tropf zerbricht mit lautem Klirren in tausend Scherben und der restliche Inhalt verteilt sich auf den glänzenden Fliesen. „Oh nein, dass räume ich später auf." Sie ruft nach der Nachtschwester, diese soll dem Arzt Bescheid sagen, dass er kommen soll. Dann befreit sie mich von der Infusion und ich hieve mich raus aus dem Bett, da ich noch vom Zimmer einen kurzen Weg zum Kreißsaal laufen muss. Der Weg kommt mir unendlich weit vor. Ich könnte schon kräftig pressen, so heftig ist es, aber ich darf nicht. Schließlich soll das Kind ja nicht hier auf dem Gang zur Welt kommen. Immer wieder puste und schnaufe ich die Wehen aus und schaffe es gerade noch in den Kreißsaal aufs Bett und schon ist unser Schatz geboren.

Ganz still, so klein und leise. „Ist alles okay?", frage ich ängstlich. Es schreit ja gar nicht, so wie die zwei anderen Kinder. „Ja ja, alles ist gut", beruhigt mich die erleichterte Schwester. „Alles dran, er ist halt ein kleiner Süßer",meint sie. Nach nur zwei Stunden Wehen ist unser drittes Wunschkind auf der Welt. Unser Florian, 2690 Gramm und 47 Zentimeter groß.

Mein Mann schaut durch den Türspalt des Kreißsaals und staunt nicht schlecht, Tränen blitzen in seinen Augen. Der frischgebackene Papa kommt dieses Mal zu spät, ganze vier Minuten, das ist schade. „Wie er ist schon auf der Welt? Ich dachte es wäre nicht dringend, die Schwester sagte doch, ich könne mir Zeit lassen". Er ist ein bisschen enttäuscht alles verpasst zu haben.

Da liegt er nun, warm und feucht auf meinem Bauch, unser kleiner Florian. Vorsichtig nimmt mein Mann ihn auf den Arm und genießt den unvergesslichen Augenblick. Dann darf er unseren Kleinen anziehen. Auf das Baden wird verzichtet, weil er etwas klein ist und nicht auskühlen soll. Anschließend bringt ein Arzt unser Baby kurz zur Untersuchung in ein anderes Zimmer.

Als er wieder zurück kommt teilt er uns mit, dass alles in Ordnung ist. Wir sind so voller Freude und Florian wird mir als gesundes Kind in den Arm gelegt. So genießen wir den Zauber der ersten gemeinsamen Stunden bis gegen Mitternacht. Dann macht sich mein

Mann auf den Heimweg, aber zuerst muss er noch mit einem Taxi zu seinen Eltern fahren, die frohe Botschaft verkünden und die zwei Großen ins Bett bringen. Was für ein aufregender Tag.

Die ganze Familie ist erleichtert und glücklich, dass alles gut gegangen ist und nach drei Tagen Krankenhausaufenthalt geht es nach Hause und der Alltag beginnt. Florians Gelbsucht Werte sind immer noch etwas erhöht und die Fontanelle ist etwas klein, erfahren wir bei seinem ersten Kinderarzt Termin. Das sei aber nicht schlimm, es müsse nur öfters kontrolliert werden, damit die Schädelnähte nicht zu schnell zusammen wachsen. Florian ist ein liebes Baby und schläft viel. Beim Nuckeln verschluckt er sich oft, was ich aber nicht so wichtig nehme, da er sich sonst gut entwickelt. Mit vier Monaten braucht er Krankengymnastik, denn die Kinderärztin stellt einen Schiefhals fest. Das käme aber bei Neugeborenen öfters vor und ließe sich gut mit Krankengymnastik behandeln. Wir genießen diese erste Zeit mit viel kuscheln und schmusen.

Florian dreht sich beim Schlafen wenig, bleibt oft so liegen, wie wir ihn ins Bettchen legen. Dadurch wird sein Hinterkopf mit der Zeit ganz flach und sieht komisch aus, wir machen uns Sorgen. Doch auch dieses Mal weiß die Kinderärztin Rat und verweist uns nach Gießen an die Uniklinik, dort gibt es eine sogenannte Helm-Therapie. Mit neun Monaten bekommt unser Sohn dort eine Art Helm, der speziell für ihn angepasst wird, damit der Kopf wieder in eine schöne Form wachsen kann.

Papa begleitet uns zu diesem Termin und wir harren der Dinge, die da auf uns zu kommen. Zuerst wird ein

Gipsabdruck von Florians Kopf gemacht, was sich als schwierige Prozedur herausstellt. Die Ärzte cremen dafür sein Gesicht und den Hals ein, dann kommen nasse Gipsbinden übers ganze Gesicht. Das gefällt dem kleinen Kerl natürlich überhaupt nicht und er brüllt wie am Spieß. Auf Anraten der Ärzte haben wir sein Milchfläschchen dabei, denn das Nuckeln soll ihn beruhigen. Aber auch mit diesem Trick ist er kaum zu besänftigen. Endlich nach zwanzig Minuten ist es geschafft, der Gipsrohling ist fertig und ich bin vor lauter trösten auch fix und fertig und klatschnass geschwitzt. Immer noch versucht mein Mann unseren Schreihals zu besänftigen und ihn notdürftig von den Gipsresten zu befreien. Nur zögerlich beruhigt sich Florian. Zuhause ist erst einmal ein ausgiebiges Bad fällig, nach all der Aufregung.

Zwei Wochen später ist der Helm fertig und wir fahren zur Anprobe wieder dorthin. Man kann ihn sich wie ein dickes, mit Klettverschluss verstellbares Stirnband vorstellen. Innen ist das weiße Teil aus Styropor, außen aus Hartplastik. Florian ist nicht gerade begeistert und versucht ihn gleich wieder auszuziehen, was natürlich nicht funktioniert. Das kann ja heiter werden, denn er soll ihn rund um die Uhr tragen.
Die ersten Nächte sind dementsprechend schrecklich, denn unser Held ist total unleidlich, was ich voll und ganz verstehen kann. Doch nach ein paar Tagen ist der Helm ein Teil von Florian geworden und er hat sich damit abgefunden. Alle zwei Wochen müssen wir nun die zweistündige Fahrt zur Kontrolle auf uns nehmen. Dann wird geschaut, ob das Teil irgendwo drückt und es wird gegebenenfalls etwas heraus gefeilt oder der Helm am Klettverschluss verstellt, damit der Kopf in

die gewünschte Richtung wächst. Manchmal müssen wir bis zu einer Stunde warten, was mit einem krabbelnden Kleinkind äußerst stressig ist.

Was tut man nicht alles, damit unser Schatz später wegen seiner Kopfform nicht gehänselt wird.

Soweit verläuft alles nach Plan, Florian entwickelt sich gut. Im ersten Jahr lernt er wie alle anderen Kinder: Robben, brabbeln, plappern und greifen. Das erste Wort mit acht Monaten, die ersten Schritte als er ein Jahr alt wird. Etwas später, mit 14 Monaten werden wir den Helm zum Glück wieder los, sein Kopf hat wieder eine passable Form angenommen.

Chaotische Zeiten

Ohne Helm beginnt nun leider eine Phase der Beulen, da nichts mehr seinen Kopf schützt. Die wiedergewonnene Freiheit scheint er mit allen Sinnen zu genießen. Wir erleben eine anstrengende Zeit mit allerlei Schabernack.

Wenn ich nicht aufpasse räumt Florian mit beiden Händen den Mülleimer aus und lutscht an alten Gurkenschalen. Oh wie eklig. Einmal angelt er einen Tontopf mit selbst gezogenen Paprikapflanzen von der Fensterbank, der natürlich zu Bruch geht und alles liegt verteilt auf dem Küchenboden. Nichts ist vor unserem Entdecker sicher, Langeweile gibt es nicht.

Morgens führt Florians erster Weg oft ins Bad zur Toilettenrolle, die hat es ihm besonders angetan. Es gefällt ihm ungemein diese abzuwickeln und das ganze Papier herrlich zu zerfetzen. Mein Bad sieht dann aus wie nach einem Bombenangriff. Draußen ist der Sandkasten sein Favorit, den liebt er heiß und innig und alles wird probiert: Sand kosten, Steine lutschen und Gras essen.

Heute ist mal wieder ein schrecklicher Tag. Es gelingt ihm eine Spur der Verwüstung in unserer Küche zu hinterlassen. Kaum bin ich einen Moment aus dem Zimmer gegangen, da hat er sich den Topf mit den Resten des Nudelgerichtes aus dem Kühlschrank geschnappt und den ganzen Inhalt im Umkreis von einem Meter auf dem Küchenboden verteilt. „Was für eine Schweinerei", ich darf ihn keine Minute aus den Augen lassen!

Tags drauf das gleiche Spiel. „Das darf doch nicht wahr sein!" Schon wieder die Küche putzen. Dieses Mal ist es eine halbe Wassermelone, die er aus dem Kühlschrank fischt. Auf dem Boden sitzend, die Melone zwischen den Beinen matscht er genüsslich mit beiden Händen drin herum. Küchenboden, Mund, Gesicht, Hände und Anziehsachen, alles voller Melone. Es ist die wahre Pracht. Da hilft nur eins: Ruhe bewahren und ab in die Badewanne.Wären die Aktionen nicht so arbeitsintensiv, so würde ich Florians Ausdauer fast gut finden.

Ein paar Tage später, ich fasse es nicht, schafft unser Schatz es tatsächlich noch einmal so eine Schweinerei anzurichten. Zwei Minuten nicht aufgepasst und da sitzt der Kühlschrankplünderer wieder auf dem Küchenboden mit einem Becher Buttermilch in den Händen. Eine Hand hinein getaucht, um sie dann genüsslich abzulutschen. Ich glaube die nächste Anschaffung ist ein Schloss für den Kühlschrank. Man hält es nicht für möglich, was kleine Kinder für ein Chaos anrichten können.

Mit fünfzehn Monaten klettert Florian auf sein neues Bobbycar und freut sich riesig. Das er erst mit zweieinhalb Jahren damit fahren kann fällt uns erst viel später auf. Unser drittes Kind ist halt ein bisschen fauler, denken wir.

Neuerdings stellt er sich vor die Leute und hält Reden in seiner eigenen Sprache, was oft sehr lustig ist. Dabei beschränkt sich sein Wortschatz auf: Mama, Papa, Mapa, Ina, Adda und noch ein paar andere Wörter. Am Liebsten spielt unser kleiner Entdecker mit der Ringpyramide, dem Steckhaus, den Puzzles. Er hört super gerne Musik und liebt natürlich

Bilderbücher gucken. Er verteilt auch immer noch gerne Küsschen, eine kleine Entschädigung für all den Unfug.

Nun ist unser Nachzügler zweiundzwanzig Monate alt und immer noch sehr anstrengend. Heute hat er ein Auto, einen Holzwürfel und einen Jojo in der Toilette versenkt. Wehe, wenn ich mal nicht schaue. Vielleicht wäre ein Überwachungskamera eine sinnvolle Investition oder eine Hundeleine, denn schon wieder ist er ins Bad entwischt. Ich hinterher und kann kaum glauben, was ich da sehe: Mit beiden Händen rührt unser Sonnenschein in der Toilettenschüssel herum und strahlt übers ganze Gesicht. „Pfui Teufel!"

Jeden Tag räumt er auch mit viel Freude meine Töpfe aus dem Küchenschrank, obwohl ich extra eine Schublade mit verschiedenen Utensilien für ihn eingerichtet habe. Alles andere ist interessanter, genau wie seine Sockenschublade, die auch regelmäßig leergefegt ist. Schränke einräumen gehört mittlerweile zu meinem täglichen Sportprogramm. Alle Ermahnungen und Ablenkungen nützen nichts und wenn ich schimpfe, wird der kleine Mann manchmal richtig sauer. Dann donnert er mit seiner Stirn auf den Boden und weint. „Du Dummerchen, du tust dir doch weh." Das entwickelt sich immer mehr zur Marotte. Jedes Mal bei einem Wutanfall oder wenn er müde ist, klopft Florian rhythmisch mit dem Kopf auf die Erde. Später legt er seine Hände drunter, damit es nicht mehr so schmerzt. Verrückt, scherzeshalber sage ich, Florian versucht den Kopf klar zu bekommen. Wie recht ich damit habe erfahre ich erst viel später.

Zwischen dem ersten und dem zweiten Lebensjahr lernt Florian trotz aller Energie wenig dazu, nur Kleinigkeiten. Irgendwie stockt seine Entwicklung. Nur Quatsch machen, das klappt prima!

In der Krabbelgruppe fällt auch immer mehr auf, dass er hinterher hinkt. Doch wir denken, das wird schon noch, unser Kleiner braucht halt für alles etwas länger. Wieder mal regnet es und wir können heute Morgen nicht auf den Spielplatz, wo Florian gerne die große Rutschbahn hinunter rutscht oder mit den Schaukeltieren wippt. Er spielt gerade im Zimmer seines großen Bruders, wo er eigentlich nichts weiter anrichten kann, als ich ihn auf einmal weinen höre. Schnell laufe nach oben und sehe, dass er vom kleinen Holzhocker gefallen ist. Seine Lippe ist aufgeplatzt und blutet stark. Nach dem Verarzten und ganz viel trösten geht es zum Glück wieder. Doch kurz darauf läuft unser Pechvogel, wie in Trance, an den Türrahmen und holt sich eine dicke Beule am Kopf. Was ist bloß heute los?
Als ich ihn später zum Mittagessen rufe, purzelt er die Treppe herunter. Mir stockt der Atem als ich zu Florian sause und ihn vorsichtig aufhebe. Aber außer einem gehörigen Schrecken, für uns beide, ist zum Glück dieses Mal nichts passiert. Für heute wäre das eigentlich genug an schlechten Erfahrungen aber abends muss Florian dann noch einmal weinen, denn zu allem Überfluss verletzt er sich den kleinen Finger am Hochstuhl. Ich komme mit dem Trösten kaum nach, was für ein Unglückstag.
Am nächsten Morgen wollen wir in den Garten und mein Wildfang läuft stürmisch die Treppe herunter. Er passt nicht auf und stolpert direkt in unseren

Meerschweinchenkäfig, der auf dem Podest im Treppenhaus steht. Der Inhalt des Beutels mit dem Meerschweinchenstreu ergießt sich volle Kanne über unseren Unglücksraben. Ich muss lachen, denn nun sieht er selber wie ein Meerschweinchen aus und schaut ganz unglücklich aus der Wäsche. Alles juckt und pikst und das komplette Aus - und Umziehprogramm ist mal wieder angesagt.

Der Sommer hält Einzug und Florian entdeckt seine große Leidenschaft fürs Schwimmen. Mit Armpuffern paddelt er durchs ganze Schwimmbad. Oft sind andere Mütter, die wir kennen, mit ihren Kindern da und so haben wir schöne Stunden mit viel Spaß im kühlen Nass.

Die Tage enden dann meistens gegen 19.30 Uhr mit einem Schlaflied oder einer Gute-Nacht-Geschichte, der Milchflasche und einem Küsschen und die Schlafenszeit beginnt. Für uns Eltern ist es die schwer verdiente Atempause, bis ungefähr morgens früh um 7.00 Uhr. Zum Glück braucht unser müder Krieger keinen Schnuller mehr, den wir noch nachts suchen müssten.

Leider halten die chaotischen Zeiten auch mit zweieinhalb Jahren immer noch an. Florian liebt es weiterhin viel Unsinn zu machen. Heute Abend ist mal wieder sein großes Geschäft in der Windel aber irgendetwas ist dieses Mal anders. Er hat mit den Händen in seine Windel gefasst und Hände, Füße und der Küchenstuhl, alle haben etwas abgekommen. „Hilfe, wo ist der Notausgang, kann das nicht ein anderer für mich machen?" Aber mein Mann ist nicht da und so hilft nur Luft anhalten, den Kerl schnappen und ab in die heiße Badewanne.

Wenn jemand denkt, es geht nicht schlimmer, da muss ich widersprechen. Der Kühlschrank war in letzter Zeit fast vergessen. Doch heute will Florian mal kochen, wie Mama und stibitzt sich sage und schreibe drei Tage hintereinander ein Ei aus dem Kühlschrank. Wie er das immer schafft und meine Abwesenheit abpasst ist schon echt klasse. Am ersten Tag schlägt er das Ei in einen Topf, das geht ja noch. Am zweiten Tag, irgendwie schafft er es immer wieder sich meinen Blicken zu entziehen, landet das Ei auf dem Boden. Gerade noch kann ich es wegwischen, bevor er drin herum schmiert. Doch am dritten Tag bin ich zu langsam und er sitzt fast nackig in der Eierpampe. Was geht nur in Florians Kopf vor? Herr schenke mir Nerven wie Drahtseile!

Endlich Ferien oder nicht? Unseren Campingurlaub in Italien haben wir uns irgendwie anders vorgestellt. Schon auf der Autofahrt schläft unser Sonnenschein so gut wie gar nicht. Immer muss er gucken, ja nichts verpassen. Am Urlaubsort angekommen braucht er auf einmal keinen Mittagsschlaf mehr und ist entsprechend unleidlich. Auch am Strand kann Florian sich nicht lange beschäftigen und wir müssen ihm ständig hinterherlaufen. Adlerauge sei wachsam. Unsere zwei Großen waren nicht so anstrengend.
Die Leute finden unseren Kleinen süß, wir ihn auch, vor allem, wenn er endlich gegen 18 Uhr im Bettchen liegt und schläft.
Wie schon erwähnt fällt ab dem zweiten Urlaubstag der Mittagsschlaf aus, was auch für uns heißt, wir machen durch. Alles ist so interessant, da kann man doch nicht schlafen, denkt er sich wohl. Martin, 10 Jahre und Katharina, 13 Jahre sind schon richtig

pflegeleicht, was man von Florian ganz und gar nicht behaupten kann. Die Idee vom gemütlichen Campingurlaub im Wohnwagen war kein guter Plan. Für einen erholsamen Urlaub mit quirligem Kleinkind empfehle ich ein Hotel mit Kinderbetreuung oder die eigenen vier Wände. Da kann man wenigstens die Türen abschließen und muss nicht ständig hinter seinem Kind her sein. Denn eine Sekunde nicht geschaut und schon ist Florian zwischen den Wohnwagen verschwunden.

Die große Standuhr beim Einkaufsladen des Campingplatzes hat es ihm besonders angetan, da müssen wir mehrmals am Tag hinlaufen. Andächtig steht er dann davor und ruft: „Bim bam, bim bam". Opa hat zu Hause auch so eine alte, läutende Standuhr, wohl deswegen findet diese Campinguhr so großen Anklang bei Florian. Dieses Mal sind wir froh als die zwei Wochen Urlaub, wenn man das noch so nennen kann, vorbei sind. So platt wie in diesen Ferien waren wir nie wieder.

Daheim hat uns die Routine bald wieder eingeholt und es heißt den Alltag organisieren. Morgens um 6.20 Uhr klingelt der Wecker und Katharina und Martin machen sich für die Schule zurecht, sie sind schon so selbstständig und vernünftig. Ohne Florian wäre das Leben schon richtig ruhig und geordnet, doch wir wollten es ja so und nicht anders. Neben spielen, einkaufen oder spazieren gehen sind auch wöchentliche Treffen mit anderen Kindern in der Krabbelgruppe angesagt, wo wir tolle Sachen basteln und schöne Kinderlieder singen. Oder wir Mütter halten ein Schwätzchen während die Kinder zusammen spielen. So habe alle ihren Spaß.

Weil Florian mit seinen zwei Jahren nur zögerlich Fortschritte macht, nehmen wir 2005 an einer Beratung im Sozialpädagogischen Zentrum (SPZ) teil. Dort kann man auffällige Kinder testen lassen und sich Rat holen. Ich kenne diese Einrichtung schon von unserem Sohn Martin, da er auch in Sachen Sprache etwas hinterherhinkte: Wie sich bei ihm herausstellte eine leichte Legasthenie.

Heute ist nun der Termin bei einer sehr netten, älteren Ärztin, die uns, wie gesagt, schon kennt. Sie nimmt sich viel Zeit, stellt einige Fragen an mich und an Florian. Leider kann er seinen Namen noch nicht aussprechen. Auch Perlen auszufädeln, auf einem Bein hüpfen, ein kleines Puzzle machen, Farben benennen, Bausteine nach Größen sortieren, all das klappt nur halbwegs oder gar nicht. „Ist nicht so schlimm", meint die Ärztin. „Das wird schon noch. Manche Kinder haben halt ihr eigenes Entwicklungstempo."

Weil Florian ungefähr ein Jahr hinterher hinkt schreibt die Ärztin Ergotherapie auf, das ist ein Ganzkörpertraining. Denn wer seinen Körper gut kennt, lernt auch sprechen, so die Erfahrung. Ein Jahr später soll noch Logopädie (Sprachtherapie) dazu kommen.

So findet nun einmal die Woche diese Bewegungstherapie statt. Dazu fahren wir in eine Praxis im 10 Minuten entfernten Nachbarort. Dort ist Florian mit viel Spaß dabei, wenn er im Turnraum springen, hüpfen, balancieren, schaukeln, malen oder basteln darf, während ich draußen warte.

Der ganz besondere Kindergartenplatz

Die Zeit plätschert dahin und wir freuen uns über die Zusage für einen Kindergartenplatz. Dieses Mal haben wir uns für den evangelischen Kindergarten entschieden, der sich hier im Ort befindet. Ein Integrativkindergarten der besonders Kinder fördert die etwas hinterher hinken. Katharina und Martin waren in einem anderen aber für Florian scheint dieser die beste Lösung, damit er sich endlich weiter entwickelt. Doch bis zum ersten Kindergartentag ist noch ein wenig Zeit.

Nun ist mein Kleiner zweieinhalb Jahre alt und wir dachten, wir hätten die schlimmste Zeit endlich hinter uns gebracht aber weit gefehlt. Heute Morgen entdeckt der Räuber, immer auf Entdeckungsreise, die Cremedose auf Papas Nachttisch. Ich erwische ihn zum Glück gerade noch rechtzeitig, bevor größeres Unheil passiert und so sind nur seine Hände, die Hose und Papas Radiowecker vollgeschmiert. Nicht auszudenken, wenn ich diese Aktion erst später bemerkt hätte.

Gerade sitzen wir gemütlich am Mittagstisch, dann ein dumpfer Schlag. „Oh nein, kannst du nicht aufpassen!" Aus Versehen hat Florian seine Tasse mit Orangensaft vom Tisch gefegt. Der Boden schwimmt alles klebt, ich bin genervt und schrubbe und putze heute schon zum zweiten Mal hinter ihm her.

Doch der Tag ist noch nicht zu Ende. Später räumt er alle Hosen aus seinem Schrank und wirft sie über das Treppenschutzgitter, ein schöner Berg entsteht und Florian strahlt übers ganze Gesicht. Ja er findet das toll, ich aber gar nicht und so schimpfe ich und schicke ihn zu seinem großen Bruder ins Zimmer. Martin soll mit ihm eine Runde in den Hof runter zum Spielen gehen, denn ich brauche mal einen Moment für mich, eine kleine Atempause.

Aber es vergehen keine zehn Minuten, da gibt es schon wieder Gebrüll von draußen. „Oh mein Gott, was ist denn jetzt schon wieder los, hat man nicht mal fünf Minuten seine Ruhe," es ist zum Mäuse melken. Ich laufe nach unten, komme in den Hof und sehe die Bescherung. Florian ist mit dem Bobbycar die vier Stufen der Gartentreppe herunter gestürzt und hat sich die Unterlippe aufgeschlagen. Es blutet wie verrückt und Florian schreit vor lauter Schreck. Schnell holt Martin einen kalten Waschlappen und wir beide versuchen unseren Unglücksraben zu beruhigen. Endlich, nach einem leckeren Eis und ganz viel trösten geht es wieder. Was für ein Tag!

Wir haben einen kalten Februar morgen als endlich der große Tag gekommen ist, die aufregende Kindergartenzeit beginnt. Mit fast drei Jahren fällt Florian der Abschied von seiner Mama nicht allzu schwer, mir schon. Ich schaue ihm noch nach, wie er um die Ecke verschwindet. Ein komisches Gefühl, ihn nach so langer Zeit loszulassen. Obwohl er schon mein drittes Kind ist fallen solche Momente immer wieder schwer. Auch ist es ungewohnt nach drei Jahren wieder Zeit für sich zu haben, wo sich bisher alles um die Kinder gedreht hat. So gehe ich nach Hause und erledige erst einmal die Hausarbeit. Ruck-zuck ist der Vormittag vorbei und schon muss ich wieder los, unseren Schatz abholen.

Die Erzieherin berichtet, dass es Florian hier sehr gefällt. Vor allem mit anderen Kindern zu spielen, Kontaktschwierigkeiten kennt er nicht. Draußen auf dem Freigelände ist er mit dem Bobbycar und dem Dreirad gefahren. Gleichaltrige sausen schon schon mit dem Fahrrad durch die Gegend. Immer mehr wird sichtbar wie Florian hinterher hinkt.

Das fällt auch den Erzieherinnen auf und sie raten uns einen Integrativ Platz zu beantragen, was wir auch gleich am nächsten Tag, in Form eines Telefonates, in Angriff nehmen. Wir bekommen einen Termin bei der zuständigen Behörde und müssen uns dort, drei Wochen später vorstellen und mit einer sehr unfreundlichen Amtsperson vorlieb nehmen. Die Dame ist um die fünfzig und ziemlich kurz angebunden.

Nachdem sie mich und Florian förmlich begrüßt, schiebt sie ihm eine Kiste mit Spielzeug hin und fordert ihn auf damit zu spielen. Dann stellt sie Florian ein paar Fragen, die er aber nur sehr unverständlich beantwortet. Unsicher wandert sein Blick zu mir. Ich ermuntere ihn mit der Frau zu reden und mit den Sachen zu spielen. Zaghaft schiebt er ein Holzauto hin und her, kann sich aber nicht in das Spiel vertiefen wie die Frau es wohl gehofft hat. Kurz darauf fragt Florian: „Mama gehen?" „Bald mein Schatz, ich muss mich erst noch ein bisschen mit der Dame unterhalten."

Das gefällt der Amtsfrau gar nicht. Sie wirkt überfordert und meint: „So geht das nicht, so kann ich nicht arbeiten, ich frage, ob sich eine Kollegin um ihren Sohn kümmern kann. Wenn nicht müssen wir einen neuen Gesprächstermin vereinbaren, ohne ihren Sohn." Hallo, bin ich hier etwa im falschen Film, dass kann doch nicht wahr sein, denke ich. Doch schon fängt die Frau zu telefonieren an. Das ist eine Sozialarbeiterin, dann muss sie doch mit so einer Situation umgehen können, darin ist sie doch geschult oder nicht? Ihre Reaktion ärgert mich, aus meiner Sicht ist Florian heute eigentlich ganz lieb. Nur weil er sich erst etwas eingewöhnen muss und ab und zu dazwischen plappert, sei er untragbar. Hoffentlich findet die Dame jemanden der auf meinen Kleinen aufpasst, ich habe wirklich keine Lust noch einmal zu kommen.

Einen Augenblick später öffnet sich die Tür und eine nette ältere Dame tritt herein. Da sie Florian völlig fremd ist, halte ich die Luft an, ob er mitgeht. Zum Glück verlassen die beiden nach gutem Zureden den Raum, um im Innenhof einen schönen Springbrunnen zu entdecken. Endlich wird unsere Unterhaltung fortgesetzt. Im Laufe des Gesprächs befindet die Sozialarbeiterin, dass wir unserem Kind zu wenig Grenzen setzen. Das sei heutzutage das Hauptproblem vieler Eltern, wir erziehen ihn nicht richtig. Da bin ich anderer Meinung und erzähle ihr, dass wir ja schon zwei große wohlgeratene Kinder haben. An der Erziehung kann Florians Entwicklungsrückstand eigentlich nicht liegen. Doch die Dame lässt sich von ihrer Meinung nicht abbringen.

Sie genehmigt mir den Integrativplatz gleich für drei Jahre, Florian hinke ja so hinterher. Voraussetzung ist allerdings, dass ich an einer Erziehungsberatung teilnehme. Klasse, gleich für drei Jahre, das soll mir recht sein, je mehr Förderung wir bekommen können umso besser. Dafür nehme ich die Beratung gerne in Kauf, obwohl ich die Argumente voll daneben finde.

Wir sind gerade so fertig, da stolpert mein Held

strahlend zur Tür herein. Plappert gleich drauflos, was er alles gesehen hat. Wir verabschieden uns höflich und freuen uns den Termin doch noch geschafft zu haben. Es gibt schon komische Menschen, denke ich als wir zur Tür hinaus gehen.

Als ich am nächsten Tag im Kindergarten von diesem seltsamen Gespräch berichte und das wir den Platz gleich für drei Jahre bekommen, sind alle erstaunt. So schlecht ist Florian doch gar nicht, eben ein Spätzünder. Aber die Erzieherinnen sind zufrieden, so können sie ihrem Neuzugang mehr Zeit widmen und ihn optimal fördern. Was wir erst viel später erfahren: Die Amtsfrau hatte voll den Durchblick und Florian richtig eingeschätzt.

Heute nehmen wir den ersten Termin bei der Erziehungsberatung war. Dieses Mal werden wir von einer freundlichen Dame mittleren Alters empfangen. Ich erzähle ihr unsere Geschichte und dass wir regelmäßig ins SPZ gehen, wo wir schon durch Florians großem Bruder bekannt sind. Auch das Martin und seine ältere Schwester wohlgeraten sind und was ich denn bitte in Sachen Erziehung besser machen kann.

Nach einem ausführlichen Gespräch lächelt die Frau und meint: „Ich kenne die besagte Amtsperson, die öfters übers Ziel hinaus schießt und wir belassen es bei diesem einen Termin. Ich wünsche Ihnen alles Gute." So verabschiedet uns die nette Frau. „Vielen Dank, auf Wiedersehen sage ich lieber nicht." Erleichtert und heilfroh dieses Thema hoffentlich abhaken zu können verlassen wir das Gebäude

.

Im März 2006 berichten wir im Sozialpädagogischen Zentrum von dem I-Platz (Integrationsplatz) und der Erziehungsberatung und unsere sympathische Kinderärztin äußert sich empört: „Von dem seltsamen Verhalten der Sozialarbeiterin habe ich schon öfter gehört. Sie hat eine komische Art alle über einen Kamm zu scheren. Da ich Martin und sie schon lange kenne, kann ich mit Sicherheit sagen, dass Florians Defizite garantiert nicht an ihrer Erziehung liegen."

Sie gibt mir vorsichtshalber ein Schreiben mit, worin steht, dass wir keine weitere Beratung mehr in Anspruch nehmen müssen aber trotzdem den I-Platz behalten. Danach untersucht sie Florian und befindet, dass er nach wie vor ein Jahr in seiner Entwicklung zurück ist. Darum verordnet sie neben der Ergotherapie nun auch Logopädie und in einem Jahr sollen wir uns wieder bei ihr melden.

Mitten im Leben

Seit dem unser Räuber in den Kindergarten geht, ist er noch lebhafter geworden und fängt an sich zu behaupten.

Leider braucht er mit drei Jahren immer noch Windeln. Nur manchmal sagt er, dass er Pipi muss aber so richtig klappt es immer noch nicht. Morgens nach dem Aufstehen zieht er sich oft nackig aus, was bei einer vollen Windel viel Arbeit mit sich bringt. Wehe, wenn ich mal nicht rechtzeitig wach werde, Details erspare ich hier lieber. Es ist ein weiter Weg mit der Sauberkeitserziehung.

Mit der Kindergartenzeit kommen nun auch verstärkt die ersten Krankheiten, wie Magendarmgrippe und Windpocken, die Florian leider auch mit nach Hause bringt. Wiederum das Schöne am Kindergarten ist, dass er viele Freunde hat und er sehr gerne dort hin geht. Alle mögen seine offene freundliche Art, obwohl er noch immer nur Zweiwortsätze spricht. Die Namen der Kinder und Erzieher, die mit ihren Fotos vor den Gruppenräumen hängen, kann er sich aber richtig gut merken, fast wie ein photographisches Gedächtnis.

Dieses Jahr fällt unser zweiwöchiger Bulgarien Urlaub viel schöner und angenehmer aus, als der letzte Italien Urlaub. Wir alle fünf haben uns zwei Zimmer in einem Hotel direkt am Strand gemietet und haben es gut getroffen. Florian beschäftigt sich tatsächlich auch mal alleine, mit Sand spielen, Leute gucken und ganz viel planschen. Vor allem läuft er nicht mehr so viel weg und wir können die schöne Zeit mit unseren drei Kindern genießen.

Florian liebt es mit der dortigen Bimmelbahn zu fahren oder auch Bus und Schiff sind der Renner.

Abends ist er manchmal so müde, dass er beim Essen den Kopf auf den Tisch legt und schwuppdiwupp eingeschlafen ist. Dann braucht mein Mann ihn nur noch ins Bettchen tragen.

Die Kinder teilen sich ein Zimmer, das mit unserem durch eine Verbindungstür getrennt ist, so hat jeder ein bisschen Freiraum. Am Hotel gibt es einen schönen Pool, an dem sich unsere zwei Großen am Liebsten aufhalten, während wir mit Florian den Tag meistens am Meer verbringen.

Man könnte meinen, dass wir nur zu dritt unterwegs sind, denn oft sehen wir Katharina und Martin nur mal zwischendurch. Sie genießen mit ihren neu gefundenen Freunden ihre Freiheit und trudeln fast täglich erst zum späten Nachmittag wieder auf dem Zimmer ein. Leider geht der Urlaub mal wieder viel zu schnell zu Ende.

Eines Samstagmorgens im September ist unser Kleiner schon um 6.15 Uhr wach und nervt. Wir schicken ihn zurück in sein Zimmer, er soll noch etwas spielen oder noch eine Runde schlafen. Als Harald und ich aufstehen sehen wir die Bescherung. Florian hat mal wieder Martins halben Kleiderschrank ausgeräumt. Puh, wieder Extraarbeit.

Heute Mittag fahren wir zu Opa Rudis Geburtstag. Für einen Moment entschwindet Florian wie so oft meinen Blicken. Dann sehe ich ihn mit dem Blumenstrauß, der für Opa gedacht ist, aus der Küche spazieren. Unser Frechdachs hat ihn aus der Vase stibitzt und trägt ihn stolz wie Oskar durch die Gegend. Als ich die Blumen vor ihm in Sicherheit bringe, schnappt er sich doch glatt Opas Geschenk und rupft es auf. „Nein, nicht aufmachen, dass ist doch für Opa Rudi!" Ich rette die Reste und muss alles noch einmal neu verpacken.

Dabei bemerke ich, dass es schon wieder sehr still in Florians Zimmer ist. So ist es immer, wenn er sich zurückzieht um sein großes Geschäft in die Windel zu machen. Normalerweise kommt er dann zum Saubermachen wieder zum Vorschein. Doch dieses Mal steht er schon ohne Windel da. „Oh mein Gott!" Seine Hände, der Pulli und der Teppich, alle haben etwas abgekommen. Hatten wir das nicht schon einmal? Herr schenke uns Nerven.

Im November verstirbt unsere Stiefoma mit 92 Jahren. Nun steht uns das ganze Haus zur Verfügung und jedes Kind bekommt sein eigenes Zimmer. Martin musste sich ja mit Florian, nachdem er nicht mehr bei uns im Babybett schlief, seinen kleinen Raum teilen. Leider hat das eigene Reich aber auch Nachteile, denn Florian schläft in seinem neuen, eigenen Zimmer schlecht. Da hilft auch die heißgeliebte Milchflasche und gutes Zureden wenig.

Nachts ruft er oft nach mir, weil er Angst vor Käfern oder anderen Dingen hat. Darum kriecht er fast jede Nacht zu mir ins Bett, ich soll seine Hand halten. Soviel zum eigenen Zimmer.

In drei Wochen wird unser Schatz vier Jahre alt und kann jetzt bis zwanzig zählen, mittlerweile kennt er auch viele Buchstaben und Dreiwortsätze klappen ganz gut. Auch tagsüber Pipi machen ohne Windel ist endlich möglich und zu unserer großen Freude beschäftigt er sich endlich auch ab und zu alleine, wie schon im Urlaub. Dreißig-Teile-Puzzle machen ihm viel Spaß und er guckt super gerne Benjamin Blümchen und Bibi-Blocksberg-Filme und liebt Musikkassetten. Manchmal spielt er längere Zeit mit Autos oder der Holzeisenbahn. Draußen im Hof saust unser Abenteurer mit Dreirad, Roller oder Laufrad durch die Gegend.

Heute Nacht werde ich von seinem Husten wach. Ich ahne schon, dass es mal wieder die Magendarmgrippe ist. „Oh nein," Florian ist total eingeschweinert und ich weiß nicht wo ich zuerst anfangen soll. Ich nehme ihn erst einmal aus dem Bett und stelle den armen Kerl in den Flur und rufe nach Papa. Auf einmal hustet Florian ganz komisch und fängt fürchterlich keuchend an, Luft zu holen. Panik steigt in mir hoch, als er blau anläuft. Ich schreie: „Harald ruf den Notarzt, schnell, schnell!"
Ich nehme Florian in den Arm und versuche beruhigend auf ihn einzureden, obwohl ich selbst so aufgeregt bin. Ein Pseudokrupp-Anfall, wie der nach zehn Minuten eintreffende Notarzt feststellt. Florian bekommt ein Medikament. Dann nimmt uns der Notarztwagen in die Klinik mit, wo wir eine Nacht zur Beobachtung bleiben müssen. Was für eine Aufregung. Die Nacht verläuft zum Glück ruhig und es geht Florian am nächsten Tag wieder gut. Am späten Nachmittag entlassen die Ärzte uns auf eigenen Wunsch. Sie hätten uns gerne noch einen Tag länger behalten aber unser Held ist wieder fit und kaum zu bändigen, will ständig überall herum laufen und ich bin froh endlich nach Hause zu kommen.

Eine Woche später laufen wir morgens, wie so oft in den Kindergarten. Dort angekommen umarmt Florian stürmisch seine Freunde und sie tollen wild im Kreis herum und da passiert es. Rumms, direkt mit dem Kopf auf die Kante der Holzbank. Mein Pechvogel weint sehr und eine dicke blutende Beule macht sich breit. Also wieder nach Hause und zum Arzt gehen. Zum Glück ist es mal wieder nur eine Platzwunde und mittags ist er schon wieder ganz der Alte und topfit.

Das Eine kommt, das Andere geht. Mit vier Jahren braucht Florian eine Brille, denn mir fällt auf, dass mein Sohn mich öfters schielend ansieht. Mit einer Brille und einem speziellen Pflaster, mit dem wir ein Auge stundenweise abkleben, versucht die Augenärztin alles wieder in Einklang zu bringen. Nach anfänglichem meckern und schimpfen akzeptiert unser Kindergartenkind diese Hilfsmittel. Wo wir nun wieder etwas dazu bekommen haben, sind wir heilfroh, dass Florian endlich tagsüber keine Windel mehr braucht. Endlich mal ein Lichtblick.

Aber irgendwie fällt es mir in letzter Zeit immer schwerer meinen Alltag zu meistern. Macht sich vielleicht doch mein Alter bemerkbar, warum ist Florian nur so anstrengend? Hätten wir uns mit dem Kinderwunsch doch anders entscheiden sollen? Katharina war so pflegeleicht, aber die Jungs schaffen mich. Ich fühle mich auf einmal ausgebrannt und überfordert. Ich, wo ich sonst immer vollen Einsatz gebe. Haushalt, Garten, einkaufen gehen, spielen und Termine wahrnehmen, all das mache ich sonst gerne und mit links. Doch seit ein paar Wochen nervt mich das alles, bei Konflikten bin ich plötzlich nah ans Wasser gebaut. Was ist nur los mit mir?

So kann es nicht weiter gehen, darum hole ich mir Rat bei meinem Hausarzt und der erkennt sofort die Lage und rät zu einer Mutter Kind Kur.

So etwas wollte ich nie machen, weg von zu Hause, meinem Mann und den Kindern. Aber ich spüre, dass etwas passieren muss, ich brauche eine Auszeit um neue Energie zu tanken, denn mein Akku ist leer.

Also willige ich in die Kur ein und schon nach acht Wochen geht es los. Florian und Martin, der nun zwölf Jahre alt ist, müssen mitfahren, denn zu Hause könnte sie niemand betreuen. Katharina, die mit fünfzehn ja schon sehr selbstständig ist, hält mit Papa die Stellung. Der Abschied fällt schwer als wir mit meinem Auto zu dieser Mutter Kind Klinik im Odenwald fahren. Nach nur gut zwei Stunden sind wir da. Inmitten Wäldern und Wiesen liegt das mehrstöckige Haus mit Kinderspielplatz und Hallenbad. Die Zimmer sind hell und freundlich und die Kinder teilen sich ein kleines Kinderzimmer mit Etagenbett. Alles ist sehr schön und das Personal ist sehr nett.

In der Kinderbetreuung bemerken sie auch, dass Florian hinterherhinkt aber er kann trotzdem gut mitspielen. Martin hat morgens ein bisschen Schulunterricht, mittags nutzt er die Freizeitangebote, während Florian im Kindergarten betreut wird. Ich nehme an einigen Kursen teil: Nordic Walking, Aerobic, Autogenes Training, Trommeln, Rückengymnastik sowie Gespräche, Massagen und Bäder. Oder auch mal gar nichts tun. Ich genieße dann die freie Zeit bis meine zwei Jungs wieder eintrudeln. Ein tolles Konzept der Klinik ist auch, dass die Mütter alle Mahlzeiten ohne Kinder einnehmen. Die Kids werden in ihren Gruppen verpflegt und die Mamas bleiben unter sich. Endlich mal in Ruhe essen, keine

Quengelei, kein umgeschüttetes Glas, keine vollgeschmierten Hände, die sich auf Hemd und Hose verewigen. Das ist purer Luxus, so kann ich nur mal an mich denken.

Papa besucht uns etwa zur Halbzeit, was er lieber hätte nicht tun sollen, denn es grassiert gerade ein Magendarmvirus. Leider nimmt mein Mann ihn mit nach Hause und ist danach zwei Tage krank. Florian und mich erwischt es auch aber nach einem Tag sind wir wieder fit. Andere Mitbewohner sind schlimmer dran, ihre Kinder haben sich noch zusätzlich schwere Erkältungen zugezogen. Zwei Mütter reisen entnervt vorzeitig ab, weil ihre Kinder die ganze Zeit nur krank sind und sie die Kur nicht wahrnehmen können. Da haben wir doch noch einigermaßen Glück, außer dem einen Tag Unwohlsein bleiben wir verschont.

Martin ist natürlich gegen alles immun, da er schon immer viel an der frischen Luft ist, hat er ein super gutes Abwehrsystem.

Die drei Wochen verfliegen und die Mutter-Kind-Kur geht leider zu Ende. Ich fühle mich gestärkt und bin bereit zu neuen Taten.

Der Stein kommt ins Rollen

Florian feiert nun seinen fünften Geburtstag und ich mache mir Gedanken, wie es in Sachen Schule weitergehen soll. Er hinkt immer noch sehr hinterher. Ich will endlich wissen, was mit ihm los ist und vereinbare einen Termin bei einer Kinderpsychologin, vielleicht kann sie uns ja weiterhelfen.

Es ist Juni 2008 als wir nach kurzer Wartezeit ins Sprechzimmer gerufen werden. Die etwas reservierte Ärztin lässt sich die Probleme erklären und macht anschließend mit Florian einen kleinen Intelligenztest. Danach schickt sie ihn zum Spielen auf die andere Seite des Zimmers um mit mir in Ruhe ihren ersten Eindruck zu besprechen. Sie erklärt mir, dass es Florian schwer gefallen ist die Aufgaben zu lösen, obwohl er eifrig bei der Sache war. Leider muss sie mir mitteilen, dass der Test eine grenzwertige geistige Behinderung aufzeigt. Die Worte graben sich in mein Gehirn: Grenzwertige geistige Behinderung.

Ich merke wie alles in mir vibriert, eine große Unruhe breitet sich aus. Sollte das auch der Grund sein, warum unser Schatz so anstrengend ist und mir in letzter Zeit alles so schwer fällt? Liegt es nicht an meinem Alter, sondern an Florian?
Wie in Watte gepackt höre ich die Ärztin fragen: „Ist ihr Sohn noch nie so richtig untersucht worden, so körperlich und mit EEG?" „Nein", meine Gedanken rasen, die Frau irrt sich! Garantiert! Florian ist doch nur ein Spätzünder deswegen fällt der Test so schlecht aus oder nicht?

Die Ärztin rät zu ausführlichen Untersuchungen an der Uniklinik Frankfurt und macht dort gleich telefonisch einen Termin für uns fest. Wir verabschieden uns, ich bin den Tränen nah, doch ich beherrsche mich, was sollen die Leute und Florian von mir denken. So fahren wir erst einmal mit dem Auto nach Hause. Nach zwanzig Minuten sind wir daheim angekommen und Florian läuft in sein Zimmer zum Spielen. Mein Mann ist gerade in der Küche und fragt, wie es gelaufen ist. Da ist es mit meiner Beherrschung vorbei. „Ich glaube, das willst du gar nicht wissen", bringe ich gerade noch unter Tränen hervor.

Als Papa die Nachricht hört fallen wir uns weinend in die Arme, wir sind geschockt. Ist unser Wunschkind wirklich geistig behindert? Wir ringen immer noch um Fassung als Katharina zur Tür hereinschaut. „Was ist denn mit euch los?"
Wir erklären ihr die Situation. Trotz allem bleibt unsere Tochter aber gefasst und meint: „Ach, es ist doch egal, Florian ist wie er ist. Wir kennen ihn doch nur so und ganz so schlimm wird es schon nicht sein, oder?"
Die Tage vergehen und ich hoffe, dass sich alles noch irgendwie aufklärt. Heute fahren Florian und ich mit dem Auto zu diesem Termin bei die Neurologin in der Uniklinik. Nachdem wir außerhalb geparkt haben, laufen wir über das riesige Gelände und als wir zwei endlich die Station finden ist wieder warten angesagt. Nach knapp zwanzig Minuten ruft uns eine nette Ärztin herein. Als Erstes lässt sie sich von mir Florians Entwicklungsgeschichte erzählen. Anschließend macht sie einige Tests mit Florian. „Ja, das sieht doch ganz gut aus," sagt sie zuversichtlich.

Danach nimmt die Kinderneurologin ihm noch Blut ab, wobei er wirklich ganz tapfer ist. Zu guter Letzt bekommen wir noch zwei weitere Termine: Einen für Ultraschall der Organe und einen für ein MRT des Kopfes. Weil mein mutiger Räuber so schön mitgemacht hat, darf er sich am Ende eine kleine Belohnung aus der Spielkiste nehmen. Für heute haben wir es geschafft.

Zwei Wochen später nehmen wir den Ultraschalltermin wahr, wieder an der Uniklinik. Dieses Mal geht alles ganz schnell. Florian legt sich auf eine Liege und ein junger Arzt lässt den Ultraschallkopf über seinen Bauchraum gleiten. Zur großen Erleichterung ist kein Herzfehler zu erkennen und auch alle anderen Organe sind unauffällig. Die nächsten Termine liegen immer ein paar Wochen auseinander. In der Zwischenzeit besuchen wir mal wieder das SPZ. Nach den beunruhigenden Ergebnissen von der Kinderpsychologin wollen wir dort einen kompletten Intelligenztest machen lassen, damit wir Gewissheit bekommen.

Auch dieser fällt leider nur mittelmäßig aus. Im Sprachteil erreicht Florian um die 72 Prozent, bei den anderen Bereichen nur um die 60 Prozent. So liegt der Durchschnittswert ungefähr um die 65. Normal ist ein Intelligenzquotient zwischen 80 und 100. Doch ich bin zuversichtlich, mit viel Förderung können wir seinen IQ bestimmt verbessern. Die Psychologin im Sozialpädagogischen Zentrum lässt mich in dem Glauben und sagt nur: „Machen sie erst einmal alle Untersuchungen, dann sprechen wir uns wieder."

Eigentlich haben wir den Termin für das MRT in der Uniklinik Frankfurt aber ein Anruf teilt mir mit, dass das Gerät dort gerade defekt ist. Darum müssen wir das MRT in der Kinderklinik, wo auch unser Sozialpädagogisches Zentrum ist, machen lassen.

Heute ist nun dieser Termin und mal wieder nehmen wir ihn alleine wahr. Papa muss ja arbeiten und er kann sich nicht jedes Mal frei nehmen. Natürlich braucht unser Held für diese Untersuchung eine leichte Narkose. Denn für solche MRT-Bilder muss man absolut still auf einer Liege liegen und wird in eine Art Röhre geschoben. Unter lauten klopfenden Geräuschen finden dann die Aufnahmen statt. Dass Florian dort nicht freiwillig mucksmäuschen still liegen bleibt, ist einleuchtend.

An der Anmeldung werden von ein paar netten Krankenschwestern aufgenommen und bekommen ein Zimmer zugeteilt. Da es noch ein bisschen dauert, darf Florian noch im Wartebereich mit den Spielsachen spielen. Dann ist es soweit. Los geht es mit einem Beruhigungssaft, später spritzt der Arzt noch das Narkosemittel. Florian ist wieder sehr tapfer. Mit samt seinem Bett rollen wir ihn nun in Richtung Aufzug. Trotz der Medikamente ist er immer noch sehr munter und versucht unermüdlich zu sprechen. Aus dem Aufzug raus, geht es durch lange beleuchtete Gänge.

Unterirdisch geht es eine kleine Weile durch das Krankenhaus, von der Kinderstation bis zur MRT-Abteilung. Dort angekommen bekommt unser hartnäckiger Kämpfer noch einmal etwas Narkosemittel, dann endlich taucht er ins Reich der Träume.

Er wird in das Aufnahmegerät geschoben und ich muss ich vor dem Untersuchungszimmer sitzen bleiben. Ich lausche den Stimmen und Geräuschen und kann durch ein Fenster sehen wie ein paar Schwestern und zwei Ärzte die Bilder am Computer verfolgen.

Nach einer halben Stunde ist es geschafft. Florian wird von der Untersuchungsliege wieder in sein Bett gelegt. Anschließend rollen wir, (der Arzt und ich), ihn durch die geheimnisvollen Gänge zurück. Natürlich frage ich gleich neugierig, ob die Ärzte etwas festgestellt haben. Der Arzt schaut mich besorgt an und meint: „Nun ja, wir haben da tatsächlich so eine Art Tumor entdeckt aber nichts Schlimmes, wirklich. Es muss erst im Team besprochen werden und danach teilen wir ihnen die genauen Ergebnisse mit." Wumm!

Meine Gedanken überschlagen sich. Oh Gott, ein Tumor, hoffentlich gutartig. Das ist also der Grund für Florians Defizite. Wenn dann operiert wird geht es mit seiner Entwicklung bestimmt bergauf. Oh man, was für Neuigkeiten, ich bin total durch den Wind.

Wir rollen weiter in Richtung Kinderabteilung und mein Kämpfer versucht schon wieder zu reden, was sich in sinnlosem Lallen verliert. Dann probiert er sich im Bett aufzurichten. Wir müssen kurz anhalten um unseren unruhigen Geist zu beruhigen. Im Zimmer angekommen quengelt Florian, redet unverständliches Zeug und ist schrecklich unleidlich. Er wälzt sich hin und her bis er zum Glück nochmal einschläft.

Die Zeit vergeht und mir ist langweilig. Nach zwei weiteren Stunden versuche ich mein Kind zu wecken, was nicht so einfach ist, nach soviel Betäubungsmittel. Seit 7.00 Uhr sind wir nun im Krankenhaus und ich würde liebend gerne bald nach Hause gehen. Endlich gegen 17.00 Uhr haben wir es fast geschafft, Florian ist einigermaßen wach. Leider ist jetzt kein Arzt mehr zu sprechen, nur die Schwestern richten mir aus, es sei kein Tumor, nur eine mit Wasser gefüllte Zyste. Ich soll mir keine Sorgen machen, das wäre nichts Schlimmes. Den Abschlussbericht und die CD könne ich in einigen Tagen abholen, besprochen wird ja eh alles an der Uniklinik. Ich weiß nicht, wie ich das verstehen soll, ist das jetzt gut oder schlecht?

Als Florian fit genug ist fahren wir nach Hause und erzählen der Familie von dem vorläufigen Ergebnis. Im Nachhinein ärgere ich mich, nicht noch mehr nachgefragt zu haben. Zum Beispiel, wie groß die Zyste ist? So heißt es sich mal wieder in Geduld zu üben und zu warten. Na ja, bald wissen wir hoffentlich mehr.

Zwei weitere Wochen sind vergangen und ich fahre heute Mittag nach dem Kindergarten mit Florian in die 20 Minuten entfernte Kinderklinik um den Befund in Empfang zu nehmen. An der   Anmeldung der Kinderstation bringen wir unser Anliegen vor und kurz darauf kommt ein junger Arzt, der uns die CD und den Bericht aushändigt. Ich frage ihn: „Wie groß ist die Zyste denn?" „Oh, das weiß ich gar nicht so genau, aber es steht alles hier drin. Ich möchte der Uniklinik ja nicht vorgreifen aber der Fall ist schon sehr interessant. Ich würde gerne wissen, wie es mit ihrem Sohn weitergeht. Nun muss ich aber weiter, alles Gute für Sie." Was war das denn für eine Aussage, ist Florian doch ein schlimmer Fall?

Wir laufen zum Auto zurück und Florian klettert in seinen Sitz. Nachdem ich ihn angeschnallt habe, schalte ich die Musik an und kann es nicht mehr abwarten, den Bericht zu öffnen. Was ich da lese verschlägt mir den Atem. An seinem Gehirn ist eine Arachnoidalzyste die 8x4x4 cm groß ist. Wahnsinn, so riesig! Kein Wunder dass der junge Assistenzarzt wissen möchte wie es weitergeht, das möchte ich auch.

Aber bis wir den nächsten Gesprächstermin an der Uniklinik haben dauert es noch eine weitere lange Woche. Das Schreiben wirft mich aus der Bahn, was kommt denn noch? Meine Augen füllen sich mit Tränen, alles geht in die verkehrte Richtung unser Leben war doch perfekt. Ich bete zu Gott er möge alles wieder so sein lassen wie früher. Ich starte den Motor und Florian merkt, dass mit mir etwas nicht stimmt. „Mama Aua?" „Nein, ist schon okay." Er ist immer so feinfühlig. Ich weine leise in mich hinein, denn Florian soll es nicht so mitbekommen. Wie soll ich ihm das Alles erklären, ich verstehe es ja selbst kaum?

Auf der Heimfahrt versuche ich mich wieder unter Kontrolle zu bekommen. Dort angekommen füttere ich erst einmal den Computer, um mich über Zysten schlau zu machen.

So große Anomalien verursachen manchmal Druck im Gehirn, in diesen Fällen werden sie operiert. Bei solchen Eingriffen wird die Flüssigkeit abgelassen und der Druck normalisiert sich. Also erwartet Florian wohl auch so eine Operation. Am Abend erzähle ich meinem Mann die unfassbaren Neuigkeiten und wir machen uns anhand einem Gurkenstückes bewusst, wie groß die Zyste ist. Bestürzung und Hilflosigkeit überkommen uns, als wir sehen welche Dimension die Zyste in seinem Gehirn hat.

Wir rechnen ganz fest damit, dass uns die Ärzte eine Operation vorschlagen und danach wird sich alles zum

Guten wenden, ganz bestimmt. Nach dem Eingriff macht Florian ganz sicher einen Entwicklungsschub und dann holt er alles auf, hoffen wir.

Ich bin ein sehr positiver Mensch, versuche immer aus allem das Beste zu ziehen und so sage ich mir, dass es gut war, wie alles gekommen ist, denn nun wissen wir woran sein Hinterherhinken liegt.

Die Tage vergehen und ich fahre ganz alleine zum Abschlussgespräch in die Uniklinik Frankfurt, ich will es so. Mein Mann wollte ja mitkommen aber er hätte sich extra frei nehmen müssen, das braucht er nicht. Die Erklärung kann ich mir auch alleine anhören. Das schaffe ich schon und hinterher kann ich Harald alles berichten. Falls Florian operiert wird brauche ich dann meinen Mann eher an meiner Seite.

Nun sitze ich hier, im Behandlungszimmer der Neurologie, mit der CD und dem Bericht im Gepäck. Die nette indische Kinderneurologin, von der ersten Untersuchung, kommt herein und schaut sich den Bericht und anschließend die CD an. Dazu projiziert sie die Bilder an die Wand, sodass wir die Lage der Zyste in vollem Ausmaß sehen.

Dazu erklärt die Ärztin mir, in schlechtem Deutsch, die Untersuchungsergebnisse. Florian habe in Grob- und Feinmotorik Defizite und geistig ist er ungefähr ein Jahr zurück. Organisch sei er aber völlig gesund außer der Zyste, aber die ist harmlos. Wie harmlos? Ich kann meinen Blick nicht von dem Bild mit der Zyste lassen. So ein riesiges Ding harmlos? Die Ärztin will mich wohl schonen, weil ich alleine hier bin. Meine Gedanken fahren Achterbahn. Sie rät mir auch nicht zu einer Operation, somit wird Florian keinen

Entwicklungsschub machen. Was soll denn dann aus unserem Schatz werden? Ich bin geschockt und kann mich nicht mehr beherrschen, die ganze Anspannung der letzten Tage entlädt sich in einem Weinkrampf. Die Ärztin ist erschrocken und versucht mich zu beruhigen. „Haben sie mich nicht richtig verstanden, wegen meinem schlechten Deutsch? Die Zyste ist wirklich nicht schlimm. Soll der Professor es ihnen noch einmal erklären?" „Ja, bitte." „Dann warten sie einen Moment, ich gehe ihn holen." Und schon ist die Ärztin verschwunden und ich bin weinend mit meinen Gedanken alleine.

Mir fällt das Rattengift zu Anfang der Schwangerschaft ein. Oh nein, bin ich etwa an allem Schuld? Habe ich mein Kind für immer geschädigt? Ich schlucke und weine meinen ganzen Kummer in die Welt hinaus. Wäre mein Mann doch jetzt bei mir, nun bin ich doch nicht so stark wie ich dachte.

Nach und nach versuche ich mich zu beruhigen, was soll sonst der Doktor von mir denken. Ich will doch immer die Wahrheit wissen, egal wie schlimm sie ist. Da kann ich hier nicht wie ein Häufchen Elend sitzen. Es vergeht eine dreiviertel Stunde bis endlich der Herrgott in weiß ins Zimmer tritt. Ein Arzt Mitte vierzig und sehr überheblich. „Sie brauchen sich absolut keine Sorgen zu machen, viele Menschen haben solche Zysten, die wenigsten wissen davon. Meistens sind diese Anomalien völlig harmlos. Ich selbst kenne einen sehr intelligenten Mann mit auch so einer großen Arachnoidalzyste wie bei ihrem Sohn. Nur wenn Zysten Druck machen, dann operiert man, was bei Florian nicht der Fall ist, wie man auf dem Bild sieht. Florians Zyste hat auch nichts mit seiner

Entwicklungsstörung zu tun, seine Probleme müssen andere Ursachen haben, vielleicht ein Gendefekt. Stellen Sie sich mit Florian bei unserem Humangenetiker vor. Das wäre von meiner Seite aus alles, haben sie noch Fragen?"

„Nein, ich glaube nicht", stottere ich total überfahren vor mich hin. „Na dann, auf Wiedersehen und alles Gute für Sie und Ihren Sohn," und schon ist der Arzt verschwunden und ich bin fertig. Fix und fertig! Alle Hoffnungen, die wir auf eine Operation gesetzt haben sind dahin. Sagen mir die Ärzte wirklich die Wahrheit? Total verunsichert und durcheinander trete ich den Heimweg an.

Zuhause falle ich in Papas Arme. „Sie operieren nicht, wie soll es weitergehen?" Ich bin verzweifelt und will mich nicht mit der Meinung der Uniklinik abfinden.

Zwei Wochen lang recherchiere ich auf eigene Faust, schreibe drei Spezialkliniken an und frage, wie diese mit solchen Zysten verfahren. Eine Klinik würde operieren aber ohne Garantie auf Erfolg. Die anderen zwei Krankenhäuser raten ab: Solange kein Druck im Gehirn besteht lässt man die Finger davon. Selbst wenn die Zyste behandelt würde, wäre es fraglich, ob Florian Fortschritte macht. Außerdem dürfte man sie nicht ganz entfernen. Denn im Gehirn gibt es kein Vakuum und da Florian an dieser Stelle kein Gehirn hat, wäre es sehr gefährlich und nur im absoluten Notfall sinnvoll etwas zu tun. Denn es könnte sein, dass unser Sohn hinterher schlimmer dran ist als vorher. Wie? Was? Habe ich richtig gehört? Sein Gehirn fehlt an der Stelle der Zyste? Davon war in der Uniklinik nie die Rede.

Wütend wähle ich die Telefonnummer von der Kinderneurologin aus der Uniklinik Frankfurt. Sie bot mir an mich jederzeit zu melden, wenn ich Sorgen habe. Das tue ich jetzt und frage ganz direkt: „Ist es wahr, dass an der Stelle der Zyste Florians Gehirn nicht vorhanden ist?" „Nun ja", meint die Ärztin, „es ist so oder es ist verkümmert angelegt, genau kann man es nicht sagen, auf jeden Fall fehlt dort ein Stück." Es muss wohl in der Schwangerschaft entstanden sein. Eine Fehlentwicklung oder ein Schlaganfall im Entwicklungsstadium, was auch nicht von dem dampfenden Rattengift herrühren kann, erfahre ich auf Nachfrage.

Ich bin sauer und schimpfe. „Das hätten sie mir auch gleich mitteilen können, zwei Wochen Hoffnung und Recherche, alles umsonst." Die Ärztin entschuldigt sich wegen dem Missverständnis und wir beenden das kurze Gespräch. Also haben sie mir doch nicht die ganze Wahrheit gesagt, wo kein Hirn ist kann sich auch keines mehr entfalten. Die Diagnose lässt uns keine Möglichkeit: Alles was uns jetzt bleibt ist die Hoffnung, das die Zyste niemals wächst, weil sie ja wie gesagt angeboren ist. Wieder ein Tiefschlag, ich fühle mich wie auf einem sinkenden Schiff. Das einzig Positive, was ich aus diesem Gespräch mitnehme ist: Das ich keine Schuld an der Behinderung meines Sohnes habe. Ich bin unschuldig! Mir fällt ein Stein vom Herzen. So ein Glück im Unglück.

Was kommt noch?

Mittlerweile ist es August 2008 und unser Sorgenkind ist fünfeinhalb Jahre alt. Seine Lieblingssätze sind: Das ist cool, es ist perfekt, du Muh-Kuh, ich bin bereit, ich habe gut geschlafen. Sie entlockten uns immer wieder ein Lächeln. So ist Florian meistens lustig und fröhlich und er hat viele Freunde im Kindergarten. Nun ist die Zeit gekommen und er soll in die Vorschulgruppe kommen.

Ich äußere meine Bedenken, weil unser Vorschulkind vieles noch nicht kann, geschweige denn Buchstaben schreiben. Die Erzieherinnen sagen es sei so am Besten. Selbst wenn Florian nächstes Jahr noch nicht in die Schule wechselt, kann er die Vorschulgruppe ja nochmal wiederholen. Das finde ich gut. Mittags treffen wir uns immer noch oft mit Freunden, meistens auf Spielplätzen, das macht unserem Räuber riesigen Spaß. Nur wenigen Menschen fällt auf, das Florian anders ist, weil er sprachlich so fit rüber kommt und mit viel Witz und Charme Einiges überspielt.

Heute ist der besagte Termin bei einem Humangenetiker gekommen und Florian wird mal wieder begutachtet. Der Arzt ist freundlich und geht gut auf Florian ein, er kann aber nichts Wesentliches feststellen. Er rät uns zu einem neuartigen Gentest, bei dem man kleinste Veränderungen in den Genen feststellen kann. Dieser soll aber erst Anfang nächsten Jahres stattfinden, denn für dieses Jahr sei sein Budget leider schon erschöpft. Der Arzt tippt auf solch einen Gendefekt, da Florian auch kleine körperliche Merkmale aufweist. Wir können da eigentlich nichts erkennen, doch wir behalten den neuen Termin im Hinterkopf. Mal wieder ist warten angesagt.

Meine heile Welt zerbricht

Im September suchen mein Mann und ich noch einmal das Gespräch im SPZ (Sozialpädagogisches Zentrum), wegen den letzten Untersuchungen wollen wir eine zweite Meinung zu allem hören. Denn die letzten Ereignisse haben uns ganz schön durcheinander gebracht.

Leider erfahren wir dort auch nicht wirklich etwas Neues über Florians Gesundheit. Die Zyste lässt man in Ruhe und alles andere wird sich zeigen. Im Moment ist Förderung mit Ergotherapie und Logotherapie am Wichtigsten. Meine Frage, welche Schule unser Sohn besuchen kann, wird skeptisch beantwortet.

Laut Intelligenztest ist er an einer Lernhilfeschule, wo Kinder besonders unterstützt werden, gut aufgehoben und könnte am Ende einen Hauptschulabschuss schaffen. Das erste Mal fällt auch der Begriff: Praktisch Bildbare Schule (Schule für geistig Behinderte), aber das verwirft die Ärztin gleich wieder. Da Florian ja so ein gutes Sozialverhalten hat, wird es mit der Lernhilfeschule schon klappen. Wir sollen uns noch nebenan bei ihrem Sozialarbeiter beraten lassen. „Wieso?" „Na, wegen einem Behindertenausweis für Florian."

„Ein Behindertenausweis für ein Kind?" frage ich ungläubig. „Ja natürlich," sagt die Ärztin lächelnd. Ich bin geschockt, auch meinem Mann hat es die Sprache verschlagen.

Wir wechseln die Räume und alles kommt uns so unwirklich vor. Der nette Sozialarbeiter füllt sogleich einen Antrag mit uns aus, kopiert alle bisherigen Befunde und macht die ganzen Blätter für die zuständige Behörde versandfertig. Verwirrt, fast wie in Trance frage ich: „Wie viel Prozent wird Florian denn bekommen, bestimmt nicht mehr als zwanzig?" Der Mann schaut mich komisch an. „Bei dieser Vorgeschichte wäre das viel zu wenig, da müsste man Widerspruch einreichen." Ich fühle mich wie in einem schlechten Film. Anschließend ist von Pflegegeld die Rede, was er auch für uns beantragt.

„Aber warum, Florian ist doch nur ein Spätzünder?" Der Sozialarbeiter sieht uns mitfühlend an und erklärt dann den Sachverhalt: Gerade, weil unser Sohn vieles noch nicht alleine kann, immer noch Hilfe beim Zähne putzen braucht, beim Waschen, Anziehen oder Brot schmieren, ist das Mehraufwand und deshalb kann Pflegegeld beantragt werden.

Nach vierzig Minuten ist der Schreibkram erledigt und wir sind auf dem Weg nach draußen. Wir fühlen uns wie vor den Kopf geschlagen. Unser Kind behindert, das darf doch alles nicht wahr sein. Wir können es kaum fassen und klammern uns an die Hoffnung, dass unser Schatz noch einen Entwicklungsschub macht und sich alles aufklärt.

Wir durchleben eine seltsame Zeit, doch es gibt kein Zurück. Die Lawine kommt ins Rollen und keiner kann sie aufhalten.

Heute kommt Post vom Versorgungsamt, ich öffne den Brief und bin mal wieder fassungslos. Florians Schwerbehindertenausweis ist da, mit 80 Prozent und den Merkzeichen B, G und H. Das B bedeutet: Er braucht immer eine Begleitperson, G steht eigentlich für gehbehindert aber in seinem Fall für nicht verkehrssicher und H wie hilflos. Mir fehlen die Worte, auch Papa ist geschockt. Mit so vielen Prozenten haben wir nicht gerechnet.

Mir fällt das letzte Gespräch mit der netten Ärztin aus dem SPZ ein, wo sie mir erklärte: Der Intelligenzquotient könne durch viel Förderung gesteigert werden, aber höchstens um ein paar Prozent. Auf einmal werden mir ihre Worte verständlich: Florians Intelligenzquotient wird nie über 70 steigen, auch nicht mit der besten Förderung. Er ist von Null auf Hundert behindert, nun haben wir es schwarz auf weiß.

Langsam kapieren wir, dass Florian keine Krankheit hat, die wieder vergeht. Die Behinderung und der Ausweis sind für immer, endgültig, daran wird sich nicht mehr viel ändern. Wir können es kaum begreifen. Weinend fallen wir uns in die Arme und vergessen die Zeit. Was soll nur aus unserem Kind werden? So war das nicht geplant.

Die Worte meiner Schwester geistern in meinem Kopf herum, wie sie zu Anfang der Schwangerschaft ihre Bedenken äußerte: „Du hast doch schon zwei gesunde Kinder, warum fordert ihr das Schicksal noch einmal heraus?" Ich habe nie damit gerechnet, dass uns so etwas passiert. Jetzt haben wir ein behindertes Kind, unfassbar, unbegreiflich, unwirklich.

Nach einer gefühlten Ewigkeit der Verzweiflung versuchen mein Mann und ich uns gegenseitig zu trösten und reden uns Mut zu. „Zusammen werden wir es schon schaffen, wir müssen stark sein, es geht schon irgendwie weiter. Wir werden unseren Schatz fördern, wo es nur geht, egal was die Ärzte sagen."

Am nächsten Tag recherchiere ich im Internet und uns wird doch immer mehr bewusst, dass Florian wohl sein ganzes Leben auf Hilfe und Unterstützung angewiesen sein wird. Menschen mit diesem Intelligenzquotient sind auch als Erwachsene wie 9 bis 12 jährige. Er wird also nie richtig erwachsen und seine Entwicklung wird nur langsam voran gehen. Der Wahnsinn hat begonnen.

Wir hatten soviel Hoffnung auf einen Entwicklungsschub, alles dahin. Keiner kann sagen wie es wirklich mit ihm weitergeht. Hoffentlich schafft er wenigstens die Lernhilfeschule, denn die andere Schule, für geistig Behinderte, ist die reinste Horrorvorstellung. Wir mussten schon soviel ertragen, bitte das nicht auch noch. Zum Glück hat diese Entscheidung noch etwas Zeit.

Nun wollen wir mit unserem Kleinen so normal wie möglich weiterleben, so wie bisher. Katharina, seine große Schwester, nimmt die endgültige Diagnose locker. „Ach Mama, ist doch nicht so schlimm. Florian ist wie er ist, für uns ändert sich nicht wirklich etwas. Wir kennen ihn nur so und werden ihn weiter ganz doll lieb haben, alles andere wird sich finden. Es hätte doch auch viel schlimmer kommen können." Ja, damit trösten wir uns ein bisschen. Trotzdem folgt eine Zeit der Trauer. Immer wieder falle ich in ein Loch, vor allem, wenn ich Kinder in seinem Alter sehe. Was die schon alles können, wie toll sie sich weiterentwickeln. Florian ist immer noch wie ein Vierjähriger, nicht wie fünfeinhalb.

In der Kirche hadere ich manchmal mit Gott, wie kann er uns nur solch eine Aufgabe schicken? Öfters schießen mir bei Gebeten oder Liedern Tränen in die Augen. Bisher war unser Leben perfekt, so voller Glück. Mein Mann hat eine gute Arbeit, wir wohnen in einem gemütlichen Häuschen und die Kinder waren gesund. Es ging uns so gut in unserer kleinen heilen Welt, es hätte immer so weitergehen können. Doch jetzt hat diese Welt Risse bekommen. Warum gerade wir, weshalb ausgerechnet unser süßer Florian? Es trifft doch immer nur die Anderen, denkt man.

Plötzlich fällt mir mein Gebet zu Anfang der Schwangerschaft wieder ein, mir wird ganz schlecht. War da nicht mein besonderer Wunsch? Mein Gebet zu Gott, er möge meinem Baby ein kleines Handicap mitgeben, das man auf den ersten Blick nicht sieht, damit dieses Kind länger bei mir bleibt. Das kann doch nicht wahr sein, werden Wünsche und Gebete tatsächlich erhört? Oh nein, ich schäme mich, wie konnte ich nur so etwas wünschen? Florian ist für sein ganzes Leben eingeschränkt, für immer anders. Auf den ersten Blick wie alle anderen, doch hinter der Fassade herrscht Chaos. Ich bin starr vor Schreck und schlechtem Gewissen. Hätte ich gewusst, was ich da anrichte, ich hätte diesen Wunsch niemals ausgesprochen, mein lieber Florian verzeih mir.

Eine Freundin, die sich viel mit Übersinnlichem beschäftigt, äußert den Satz: „Gott schenkt nur ganz besonderen Menschen behinderte Kinder und es sei ein Geschenk, jene Wesen auf ihrem Weg begleiten zu dürfen." Viele Menschen sehen das aber anders, für sie ist so ein Kind eher die Strafe Gottes aber wofür sollte Gott uns bestrafen? Wir sind uns keiner Schuld bewusst und unser Florian hat in seinem kurzen Leben auch nichts verbrochen, oder? Es ist einfach nicht zu begreifen und erst einmal sehr schwer, die neue Situation zu akzeptieren.

Der Satz meiner Freundin wird für uns wie ein warmer Sonnenstrahl, er schenkt uns Trost und Zuversicht. Vielleicht möchte Gott uns ja die Augen öffnen, für die wirklich wichtigen Dinge im Leben. Der Herr allein weiß, warum wir diesen Weg gemeinsam gehen müssen.

Der absolute Tiefpunkt

Eine Frau vom medizinischen Dienst meldet sich an, wegen dem Pflegegeld. Sie ist sehr nett, lässt sich alles berichten und notiert Florians erhöhten Hilfebedarf. Abschließend bemerkt sie: „Die Pflegestufe 1 bekommen sie auf jeden Fall, für die 2 ist es wohl noch zu wenig."

Wieder mal bin ich sprachlos, alle Mehrarbeit haben wir bisher so hingenommen und nun gibt es Geld für seine Pflege, der nächste unfassbare Augenblick. Irgendwie läuft alles aus dem Ruder.

Meine Mutter will mir Mut zusprechen und sagt dazu lapidar: „Nun, wenn ihr schon das Problem habt, dann ist das Geld wenigstens eine kleine Entschädigung."

Sie meint es ja nur gut und will uns trösten aber was würde ich dafür geben einen gesunden fitten Florian zu haben. Kein Geld der Welt kann das aufwiegen, wie gerne würde ich aus diesem Alptraum erwachen aber es passiert nicht. Immer weiter rutschen wir in eine Welt, die wir nicht kennen, alles kommt anders als geplant.

Die ganze Zeit habe ich das klärende Gespräch mit dem Kindergarten vor mir hergeschoben. Denn ich wollte erst alle Untersuchungsergebnisse in der Hand halten. Heute ist es soweit. Zuerst erzähle ich von der riesigen Zyste, 8x4x4cm groß. Weswegen Florians Gehirn an dieser Stelle nicht so recht entwickelt ist und das er dadurch, sehr wahrscheinlich, eine geistige Behinderung hat. Eventuell ist auch ein Gendefekt die Ursache aber das können wir erst später abklären lassen.

Es wird auf jeden Fall noch weitere Untersuchungen geben. Auch vom Schwerbehindertenausweis mit 80 Prozent berichte ich und kann die Betroffenheit in den Gesichtern sehen. Die Zuhörer sind schockiert.

Ich verschweige, dass der Arzt über die Zyste anderer Meinung ist, denn in meinen Augen ist diese verdammte Anomalie schuld an seiner Behinderung. Außerdem fühle ich mich mit der Zyste als Erklärung besser, als wenn ich sage: „Unser Kind ist geistig behindert, wir wissen aber nicht warum." Da denkt doch jeder, die haben einen Deppen, sind womöglich selbst Schuld. So haben die Menschen eher Mitleid mit einem Kind, dass wegen einer Fehlentwicklung im Gehirn behindert ist. Es ist schon verrückt.

Jetzt ist es gesagt und nun wissen alle dass Florian doch kein Spätzünder ist. Das erklärt auch, warum unser Kleiner oft so extrem reagiert, die vielen Verhaltensauffälligkeiten. Warum er oft frustriert oder stur ist und bei Müdigkeit oder Zornausbrüchen immer monoton mit dem Kopf auf die Erde donnert. Das macht er ja schon seit er ein Baby ist. Bei Stresssituationen rhythmisch mit seiner Stirn leicht auf den Boden schlagen, ein seltsames Verhalten. Schon damals sagte ich, dass er irgendetwas in seinem Kopf zurecht rückt, wie recht ich damit hatte. Solche Verhaltensauffälligkeiten legen Menschen an den Tag, die ihre Gedanken nicht ordnen und die großen Mengen Input nicht verarbeiten können. Wenn zu viele Reize das Gehirn überfordern, beruhigt das monotone Stirn klopfen den Geist, eine Art sich abzureagieren. Die Erzieherinnen haben nun mehr Verständnis für Florians Situation.

Nach all den Ereignissen neigt sich das Vorschuljahr im Kindergarten dem Ende entgegen. Ich bin sicher, dass unser Kindergartenkind noch ein Jahr Verlängerung bekommt, da seine Fortschritte nicht der Rede wert sind. Mal wieder spreche ich mit der stellvertretenden Leiterin und bin geschockt.

„Ach Frau Rüsch, Florian kann kein weiteres Jahr hier bleiben, er muss in die Schule gehen. Dort bekommt er mehr Förderung, die können wir ihm hier nicht mehr bieten." Wie war das, ich habe mich wohl verhört?

Ich dachte er könne die Vorschule wiederholen, so hieß es doch Anfang des Jahres. Warum auf einmal nicht mehr? Ich ahne es. Da Florian nun doch kein Spätzünder, sondern geistig behindert ist, bringt ihm ein weiteres Jahr nicht viel. Ich breche in Tränen aus, alles ist so ungerecht. „Warum kann Florian nicht noch ein Jahr länger hier sein? Andere gehen doch auch erst mit sieben Jahren in die Schule oder werden zurückgestellt, warum er nicht?"

Noch ein Jahr länger mit seinen Freunden zusammen sein, er hat hier soviel Freude, immer ist jemand zum Spielen da. Jetzt soll alles vorbei sein? Er wird abgeschoben, weil es für ihn so am Besten sei. Die Leiterin lässt sich auch durch meine Argumente und Tränen nicht von ihrem Standpunkt abbringen. Die Entscheidung ist gefallen, sie haben seinen Kindergartenplatz schon weiter gegeben.

Oh Gott, meine heile Welt bricht immer weiter auseinander, aufgewühlt trete ich den Heimweg an. Was sollen wir machen, gibt es noch andere Perspektiven oder geht unser Kind wirklich bald in die Schule? Nach und nach versuchen wir die neue

Situation positiv zu sehen und uns mit ihr anzufreunden. Florian ist nun ein Schulkind, vielleicht ist es ja wirklich das Beste für ihn.

Später erfahre ich, wenn der Kindergarten gewollt hätte, hätte unser Sohn noch ein Jahr bleiben können. Da ich zu diesem Zeitpunkt aber nicht wusste was auf uns zukommt, lasse ich mich mit der Beurteilung des Kindergartens abspeisen. Ich kämpfe nicht, um Florian noch ein Kindergartenjahr zu ermöglichen, heute würde ich es tun, soviel verlorene Lebensfreude. Eine nette Sonderpädagogin von der Lernhilfeschule schaut unserem Vorschulkind einen Tag lang beim Spielen im Kindergarten zu. Ihr erster Eindruck, er würde ganz gut in das Konzept der Förderschule passen, macht mich glücklich. Das gleiche hatte uns ja auch die Psychologin aus dem SPZ gesagt. Da Florian die normale Grundschule sowieso nicht besuchen kann, ist die Einschulungsuntersuchung nur pro Forma. Wir sollen einen Antrag auf ein Sonderpädagogisches Gutachten stellen, das bedeutet, Florian darf vier Tage Probeunterricht an einer Lernhilfeschule absolvieren.

Nach drei Wochen ist es soweit. Heute am frühen Morgen holt ihn der Schulbus ab und bringt ihn erst mittags wieder nach Hause. Florian gefällt es in dieser Schule ganz gut und schnell sind die Tage vergangen. Wir hoffen, dass dort alles gut gelaufen ist, als Papa und ich heute zum Abschlussgespräch in diese Lernhilfeschule fahren. Dort begegnen wir einer Mutter, die wir schon vom Kindergarten her kennen, deren Sohn wurde ebenfalls hier getestet. Der Junge heißt Jens, er wurde schon letztes Jahr zurückgestellt, weil auch er hinterherhinkt. Jens ist motorisch sehr auffällig, sein Gang ist schwerfällig und viele sehen ihn als behindert an. Ich habe mich ein bisschen mit seiner Mutter angefreundet, denn sie tröstete mich, als alle von Florians Behinderung erfahren haben. Geteiltes Leid ist ja bekanntlich halbes Leid. Nun hoffen wir, dass unsere Jungs es gemeinsam auf diese Lernhilfeschule schaffen.

Vier Pädagogen nehmen, meinen Mann und mich, in einem kleinen Zimmer in Empfang. Mir ist mal wieder ganz schlecht vor Aufregung und ich zittere wie Espenlaub. Es wäre der absolute Horror, eine Absage zu erhalten. Ich habe gebetet, gehofft und gefleht, bitte nach all den Tiefschlägen nicht noch die Schule für Praktisch Bildbare. Ich würde es nicht verkraften. Richtige Angst überkommt mich in diesem Augenblick, denn die Stunde der Wahrheit ist gekommen.

Freundlich werden wir begrüßt und dürfen Platz nehmen. Die Lehrer erzählen uns, wie Florian versucht hat seine Aufgaben zu lösen und was für ein netter, kontaktfreudiger, freundlicher und aufgeschlossener Junge er ist. Oh nein, ich ahne was kommt, denn sonst würden sie ihn nicht so schön reden.

Leider konnte er nur wenige Sachen erledigen, so sehr er sich auch bemühte, deswegen hätte er an dieser Schule keinen Lernerfolg. Sie würde ihn überfordern und unglücklich machen, besser sei die Schule für Praktisch Bildbare, die könne viel besser auf die Bedürfnisse von geistig Behinderten eingehen.

Ich kann es nicht fassen, bebe, zittere und kann die Tränen nicht mehr zurückhalten. Nein, nein es passiert nicht. Mein kleiner Schatz zu den geistig Behinderten, da kommen doch nur ganz schlimme Fälle hin. Meine Vorstellungen von so einer Schule sind grausam. Meine Gedanken überschlagen sich. Bloß hier nicht zusammenbrechen, was sollen die Leute denken. Ich kämpfe um Fassung.

Harald schaut mich verzweifelt an und ist auch den Tränen nah. Wir fühlen uns als hätte uns jemand den Boden unter den Füßen weggerissen. Wieder mal nehmen wir uns in die Arme.

Die Lehrer sagen: „Da ist ganz normal, weinen sie nur, lassen sie alles raus, man muss das ja alles erst einmal verarbeiten. Schauen Sie sich am Besten die Schule mit Florian gemeinsam an und bilden Sie sich dann eine Meinung. Die Lehrer dort sind auch alle ganz nett und so schlimm ist es dort wirklich nicht."

„Ja", bringe ich schniefend hervor. „Auf jeden Fall muss ich mir das anschauen, sehen wo ich meinen Schatz hingeben muss."

Nach ein paar weiteren aufmunternden Worten der Pädagogen verabschieden wir uns und gehen in Richtung Auto. Wie in Watte gepackt laufen wir an Jens Mutter vorbei. Sie nickt mir zu und gibt mir zu verstehen, dass sie Jens genommen haben und sieht mich fragend an. Ich schüttele nur den Kopf und laufe weiter, einfach nur weg von hier, erst einmal nur weinen.

Eigentlich haben wir es schon fast geahnt, dass es so kommt aber wir wollten es nicht wahr haben, nicht hören, nicht sehen. Nun sind wir ganz unten angekommen, gestrandet, an der Endstation im Schulsystem, der absolute Tiefpunkt, meine persönliche Horrorvorstellung.

Nur ganz langsam beruhige ich mich wieder, als wir im Auto Richtung Heimat fahren, lasse alles sacken. Ich dachte immer, ich verkrafte es nicht, wenn es soweit kommt, ich würde schreien, toben, weinend zusammenbrechen. Jetzt ist die schlimmste Situation eingetroffen.

Doch es passiert nicht, ich habe mich einigermaßen unter Kontrolle. Auch meinem Mann fällt die Situation schwer. Nach anfänglichem Schweigen teilen wir unseren Kummer und unsere Sorgen und reden miteinander, während die Welt an uns vorbei zieht.

Mir fällt der letzte Termin im Sozialpädagogischen Zentrum ein, als klar wurde, wie es um Florian steht. Unsere nette ältere Ärztin, die uns schon lange betreut, fragte ich: „Haben sie gewusst, das Florian kein Spätzünder, sondern behindert ist?" „Ja, antwortete die Ärztin, „ich habe es geahnt doch wann teilt man es den Eltern mit, dass ihr Kind behindert ist, wann ist der richtige Zeitpunkt?"

Wir als Eltern haben nie daran gezweifelt, dass unser Sonnenschein noch alles aufholt. Noch immer kann man das alles nicht fassen, gleich werde ich wach und unser schönes heiles Leben geht weiter. Warum weckt mich keiner aus diesem bösen Albtraum? Doch es geschieht nicht, so sehr ich es mir auch wünsche. Ich sitze mit Papa im Auto und wir haben gerade die zweitschlimmste Nachricht unseren Lebens erhalten. Es gibt kein Entkommen, Florian muss dieses Leben leben und wir müssen mit. All unsere Hoffnungen, Träume und Wünsche, unsere Zuversicht, lösen sich in Luft auf.

Nur nach Hause und weiterleben. Ja, wie in diesem Film, wo ein Mann nach einem Flugzeugabsturz ganz alleine auf einer einsamen Insel strandet. Das Einzige was ihn aufrecht erhält, ist der Gedanke an seine Freundin, die er heiraten wollte. Nach Jahren schafft er es von der Insel fortzukommen. Doch zu Hause muss er erfahren, dass seine damalige Freundin nach einer Zeit der Trauer einen anderen geheiratet hat. Sie dachten ja alle, er sei bei dem Flugzeugabsturz ums Leben gekommen. Er verliert seine große Liebe zum zweiten Mal und sein bester Freund fragt ihn, wie er das nun schaffen wird darüber hinweg zu kommen. Er antwortet, sowie er auch auf der Insel überlebt hat, einfach weiteratmen, weiterleben und morgen kommt wieder ein neuer Tag. So fühle ich mich jetzt, tieftraurig und verzweifelt und ich muss jetzt einfach weiteratmen, weiterleben, denn morgen kommt wieder ein neuer Tag.

Natürlich ist es für alle Angehörigen ein weiterer Schock. Omas, Opas, Onkel und Tanten alle sind bestürzt. Aber sie versichern uns ihre Hilfe und dass sie mit uns gemeinsam Florians Weg begleiten werden, egal was kommt. Mein Vater äußert sich: „Das wird schon, wir werden uns noch wundern, wie Florian uns eines Tages alle in die Tasche steckt." Was soviel heißen soll wie: Er wird sich weiterentwickeln und uns allen zeigen, was in ihm steckt. Ich denke, mein Vater hat die Tragweite dieser Behinderung noch nicht begriffen oder er möchte es nicht verstehen. Florian kapiert die ganze Aufregung um seine Person sowieso nicht.

Er registriert auch nicht, warum er demnächst nicht wie seine Kindergartenfreunde in unsere Grundschule geht. Oder sollte ich eher sagen, er hinterfragt es nicht, macht sich keine Gedanken, so wie wir. Florian nimmt alles wie es kommt, noch merkt er nicht, dass er anders, behindert ist.

Ich habe Angst vor dem Tag an dem Florian danach fragt, was soll ich ihm dann antworten? Doch bis es soweit ist lassen wir ihn im Glauben der Vollkommenheit. Denn er ist so ein fröhlicher, offener, neugieriger Kerl und möchte am Liebsten den ganzen Tag mit anderen Kindern spielen. Und so soll er diese Zeit noch genießen.

Deswegen treffen wir uns weiterhin mit seinen Freunden und deren Mama´s und erzählen offen von seiner Behinderung und wie es um ihn steht. Viele können es gar nicht glauben, warum er nicht auf die normale Schule gehen kann oder nicht ein Jahr zurückgestellt wird, denn nach außen hin scheint Florian doch fit. Die Mütter zeigen viel Mitgefühl, wenn ich über die neuesten Ereignisse berichte, darum hoffe ich, dass sie ihn weiterhin akzeptieren und nicht ausgrenzen werden.

Aus der Zeitung erfahre ich, dass ein neuer Kinderneurologe die Leitung im SPZ übernommen hat. Der Gedanke, dass man vielleicht doch etwas wegen der Zyste tun kann, lässt mich einfach nicht los und ich vereinbare einen Termin.

Da wir Florian mitbringen sollen, sind wir guter Dinge, dass sich der neue Doktor ein komplettes Bild über ihn machen möchte. Papa und ich nehmen mal wieder im Wartebereich auf dem Gang Platz und unser Räuber darf gegenüber im Spielzimmer spielen. Dann kommt ein Mann im weißen Kittel den Gang entlang gelaufen. Ich traue meinen Augen kaum, ist das nicht der Professor aus der Uniklinik, der Gott in weiß? Tatsächlich, er ist es, er hat also den neuen Posten hier übernommen. Anstatt freundlich zu grüßen, läuft er an uns vorbei ohne uns eines Blickes zu würdigen.

Na das kann ja heiter werden. Wie können solch unhöfliche und unfreundliche Personen Kinderärzte werden, dass kann ich einfach nicht verstehen. Na ja, lassen wir uns überraschen, vielleicht hatte er damals nur einen schlechten Tag.

Eine halbe Stunde später werden nur mein Mann und ich von dem Professor aufgerufen, Florian könne weiterspielen. Anscheinend möchte er zuerst mit uns alleine sprechen, danach wird er unseren Sohn bestimmt dazu bitten. Wir nehmen Platz und erklären unser Anliegen, dass wir noch eine weitere Meinung zu der Zyste und dem Allgemeinzustand hören wollen. Der Professor studiert die Bilder und die Berichte und bestätigt uns noch einmal, dass man die Arachnoidalzyste in Ruhe lässt, außer sie würde wachsen und Druck verursachen.

Und wie beim allerersten Gespräch ist er der Überzeugung, dass die geistige Behinderung nichts mit der Anomalie zu tun hat. Wir sollen uns eher Gedanken machen, ob wir unser Sohn nicht in ein Heim geben möchten. Denn so ein Kind würde uns ein Leben lang belasten und er finde es immer schlimm, wenn man zu lange wartet und 80 jährige Mütter einen Platz für ihr 60 jähriges behindertes Kind suchen. Was ist das bloß für ein Mensch? Wir sollen Florian am Besten jetzt in ein Heim geben, nur damit wir unser Leben genießen können und uns nicht mit ihm belasten?

Ich bin schockiert, das wollten wir hier nicht hören. Florian brauche er sich auch nicht anschauen, es stehe ja alles in den Unterlagen. Warum musste er dann überhaupt mitkommen, frage ich mich? Der Professor ist seltsam und vor allem unsympathisch und überheblich und uns wird klar, dass wir hier nichts Neues in Erfahrung bringen und der Termin für die Katz war. Unzufrieden und enttäuscht verlassen wir die Räumlichkeiten. Das hätten wir nicht erwartet. Auch Florian ist ganz frustriert, weil wir schon wieder gehen und er nicht untersucht wird. Es bleibt uns also nichts anderes übrig, als uns mit den bisherigen Ergebnissen abzufinden.

Montag morgen bringe ich Florian mal wieder in den Kindergarten und suche das Gespräch mit der stellvertretenden Kindergartenleiterin. Ich erzähle ihr ausführlich, wie der Sozialpädagogische Test an der Lernhilfeschule ausgegangen ist. Sie meint: „Seien Sie nicht traurig, die Schule für Praktisch Bildbare ist für Florian bestimmt die beste Möglichkeit sich weiterzuentwickeln, glauben Sie mir.

Auf einer Schule für geistig Behinderte bekommt er die Zuwendung, die er braucht. Dort haben sie ganz andere Möglichkeiten als die Lernhilfeschule oder wir hier im Kindergarten. Schauen sich sich die Schule an, dort wird es Florian bestimmt gut gehen." Hoffentlich, der Gedanke macht mir immer noch wahnsinnige Angst, was kommt da auf uns und Florian zu?

Das Ungewisse verliert seinen Schrecken

Heute ist der Schreckenstag gekommen und wir schauen uns die besondere Schule an, sie liegt nur fünfzehn Autominuten von uns entfernt.

Vor diesem Moment fürchte ich mich sehr, was erwartet uns und welche Kinder werden wir dort sehen? Ich fühle mich, als würde ich mein armes Kind zum Henker führen.

Dort angekommen sehen wir ein älteres, mehrstöckiges Wohnhaus, dass gar nicht wie eine Schule aussieht. Der Schuldirektor kommt uns entgegen und öffnet das kleine Eingangstor. Es ist immer verschlossen, damit keiner der Schüler unbemerkt verschwindet.

Der nette, etwas ältere Mann zeigt uns zuerst den Pausenhof, der sich hinter dem Gebäude befindet. Hier gibt es mehrere Spiel- und Klettergeräte: Eine Nestschaukel, ein Rollstuhl gerechtes Drehkarussell, eine Rutschbahn und ein kleineres Fußballfeld, ein Basketballkorb, sowie einen großen Sandkasten. Man könnte meinen wir wären auf einem Spielplatz.

Im Anschluss führt uns der Rektor in sein Büro, wo er sich unseren Werdegang anhört. Die Tür geht auf und eine Sozialarbeiterin, die auch einen sehr sympathischen Eindruck macht, begrüßt uns und bietet gleich ihre Hilfe an. Falls wir Fragen oder Probleme haben kann ich sie jederzeit kontaktieren. Dann muss sie auch schon weiter und wünscht uns noch einen schönen Tag. Nach einem ausführlichen Gespräch mit dem Direktor dürfen wir uns die Räumlichkeiten anschauen. In dem zweistöckigen Gebäude sind viele Klassenräume untergebracht, die alle hell und freundlich gestaltet sind. Die Klassen bestehen im Schnitt aus nur sieben bis neun Schülern, zwei Lehrkräfte und einem FSJ-ler. FSJ bedeutet Freiwilliges Soziales Jahr, welches viele junge Leute an sozialen Projekten absolvieren. Wir werfen einen Blick in ein Klassenzimmer. Vor diesem Augenblick habe ich mich so sehr gefürchtet.

Nun schaue ich in die Gesichter dieser Kinder. Ein Junge mit Downsyndrom lächelt mich an und mein Blick wandert weiter in die Runde. Die Schüler machen einen ganz passablen Eindruck. Manchen sieht man ihre Behinderung nicht an, wie bei Florian. Ein dunkelhaariger Junge sitzt mit seinem Rollstuhl am Gruppentisch, er trommelt monoton auf die Tischplatte. Ein Mädchen steht auf und kommt direkt auf mich zu und reicht mir die Hand. „Setzen, mitmachen?" „Nein", sagt der Direktor, „heute nicht. Das ist Florian und seine Mutter, sie sind dieses Mal nur zu Besuch, Florian kommt erst demnächst zu euch." Ein weiteres Mädchen läuft in der Klasse planlos auf und ab. Der Lehrer steht auf, nimmt sie sanft an den Schultern und führt sie auf ihren Platz zurück.

So ist das also. Der Horror bleibt aus, hier gibt es keine Monster, nur etwas andere Kinder. Ich bin so aufgeregt aber auch so berührt.

Wir bekommen kurz den täglichen Ablauf erklärt, nach etwas freiem Spielen wird gemeinsam der Frühstückstisch gedeckt. Dabei lernen die Kinder, was man alles dafür braucht, die Teller oder Tassen werden gezählt und benannt. So lernen sie die Gegenstände kennen, sie zu benennen, nebenbei ein bisschen rechnen und sprechen, was manche Kinder nämlich auch noch nicht können. Jede Klasse hat eine kleine

Küchenzeile, denn das Wichtigste hier im Lehrplan sind die praktischen Dinge des Lebens, die den Kindern hier beigebracht werden. Kochen, backen, Tisch decken, eine Zutatenliste erstellen und einkaufen gehen. In erster Linie wird vermittelt, wie sie das Leben später so selbstständig wie möglich bewältigen können.

Dazu gehören auch das selbstständige Anziehen oder die korrekte Körperhygiene. Für jeden Schüler gibt es einen Förderplan, wo Stärken und Schwächen jedes Einzelnen berücksichtigt werden. Lesen, Schreiben und Rechnen versucht jeder in seinem eigenen Tempo, mit vielen verschiedenen Materialien und Möglichkeiten, zu erlernen. Eine Menge Spiele stehen in den Regalen und es gibt in jeder Klasse einen Computer, eine Tafel und eine Kuschelecke zum Entspannen und Ausruhen. Einen großen Gemeinschaftstisch, an dem gegessen und gelernt wird.

Nachdem uns alles erklärt wurde, verlassen wir den Klassenraum. Auf dem Gang begegnen wir einem älteren Schüler, der uns mit einem netten „Hallo" begrüßt. Er könnte in jedem Gruselfilm mitspielen, denn seine Augen sind unterschiedlich groß und verschoben und sein Kopf sehr unförmig. Wahnsinn, denke ich, wie die Natur so verrückt spielen kann, armer Kerl.

Der Rektor zeigt uns noch den Turnraum und den Erlebnisraum (Snoezelraum), das ist ein tolles Zimmer zum Ausruhen, Entspannen und Träumen. Dort werden die Sinne auf Reisen geschickt, mit allerlei coolem Inventar. Von einem großen Matratzenlager aus kann man die riesigen bunt beleuchteten Sprudelsäulen betrachten, Lichterschläuche hängen von den Wänden und eine Discokugel funkelt von der Decke. Verschiedene Materialien laden zum Fühlen oder zur Massage ein, zusätzlich steht Musik zur Verfügung. Hier würde ich auch gerne ein bisschen verweilen, einfach ein Traumzimmer.

„Jetzt haben sie alles Wichtige gesehen und gehört, gibt es noch Fragen?" erkundet sich der Schulleiter freundlich. „Nein, mir fällt gerade nichts ein," sage ich. Wir verabschieden uns. „Vielen Dank, für die nette Führung, es war sehr interessant, bis dann, zur Einschulung."

Meine Ängste und Bedenken haben sich etwas gelegt und ich glaube, dass ich Florian mit gutem Gewissen hier her schicken kann. Die Schatten der Ungewissheit und des Horrors sind verschwunden, ein neuer Weg beginnt.

Die Kindergartengruppe macht heute einen ihrer letzten Ausflüge, es geht zum Frankfurter Flughafen. Ein paar Mütter begleiten die Gruppe, ich bin auch mit dabei. Nach einer knappen Stunde Bahnfahrt haben wir das Ziel erreicht und erleben tolle Eindrücke bei der Busrundfahrt über das riesige Flughafengelände.

Startende und landende Flieger können hautnah betrachtet werden und alles wird von dem engagierten Begleiter genau erklärt, ein super tolles Abenteuer. Nach einem weiteren Rundgang durch das Terminal und einen Abstecher beim Imbiss, treten alle glücklich und erschöpft den Heimweg an.

Ein weiteres Highlight am Ende der Kindergartenzeit ist immer eine zweitägige Abschlussfahrt in eine Jugendherberge. Es ist das erste Mal, dass Florian ohne mich über Nacht unterwegs ist. Ein komisches Gefühl ihn mal wieder ziehen zu lassen. Mein Kleiner hat damit gar kein Problem, so ist es ja fast immer, er nimmt alles so wie es kommt, macht sich keine Gedanken. Seine Lieblingserzieherin teilt mit ihm und Jens ein Zimmer und so klappt alles prima. Das Abenteuer wird für Florian ein sehr schönes Erlebnis. Und auch noch einmal mitten unter seinen Freunden zu sein genießt er in vollen Zügen.

Danach folgt die Abschlussfeier, mit ihr endet die schöne Kindergartenzeit. Diese Feier beginnt mit einem Gottesdienst und danach führen die Kinder das Theaterstück Peter und der Wolf auf. Florian tritt als Jäger verkleidet auf, mit Gewehr, grünem Jägerhut und einem schwarzen Schnurrbart. Das sieht lustig aus. Er spielt seine Rolle sehr gut und obwohl das Stück lustig ist, bin ich ein bisschen traurig. Warum ausgerechnet unser Florian, schießt es mir durch den Kopf, die anderen Kinder sind alle gesund und fit, nur er nicht. Wie geht es weiter, werden seine Freunde bleiben oder gehen sie ihre eigenen Wege, ohne ihn?

Nach der Aufführung unterhalten wir uns noch ein bisschen bei Kaffee und Kuchen und so geht der Tag langsam zu Ende. Nach der Feier bleiben unserem Schulkind noch ein paar Tage im Kindergarten, bis die Sommerferien beginnen.

Als der letzte Tag gekommen ist, fühlt es sich komisch an. Heute das allerletzte Mal zum Kindergarten laufen, das letzte Mal die Tasche aufhängen, die Hausschuhe anziehen. Florian geht zum letzten Mal spielen. Es fällt uns schwer beim Abholen „Auf Wiedersehen" zu sagen, denn es war eine sehr schöne Zeit. Aber es bleibt ja die Möglichkeit, dass Florian den

Kindergarten jederzeit besuchen darf. Die Betreuerin verabschiedet sich mit den Worten: „Komm uns mal besuchen und zeige uns dann deinen tollen Schulranzen. Machen Sie es gut Frau Rüsch."

Jetzt geht es erst einmal in die Ferien, danach sehen wir weiter, einfach mal alles hinter uns lassen, für kurze Zeit unser Schicksal vergessen. Zwei schöne Wochen in Italien liegen vor uns, auf einem Campingplatz haben wir wieder ein Wohnmobil gemietet. Martin, der große Bruder, ist auch dabei. Katharina, die schon siebzehn Jahre alt ist und schon fast erwachsen, ist mit Freunden in Urlaub gefahren. So sind wir nur zu viert unterwegs und genießen die Anonymität, denn keiner hier weiß, wie es um unseren Jüngsten steht. Man sieht ihm die Behinderung ja nicht an und die Menschen, die mit ihm in Kontakt treten, denken bestimmt, dass er etwas naiv für sein Alter ist. Oder sollte ich ihn jünger machen? Dann würde es passen. Es ist irgendwie eine verrückte Situation.

Martin spielt oft mit seinem kleinen Bruder, das ist schön. Mit Armpuffern ausgestattet verbringt Florian, unsere Wasserratte, viel Zeit im Wasser. Mitten im Schwimmbad steht ein Piratenschiff mit einer kleinen Rutschbahn und vielen lustigen Wasserdüsen. Einfach Spaß haben, das tut allen gut. Am Strand bauen die beiden Sandburgen und tiefe Löcher, in die sie sich dann hineinlegen und gegenseitig einbuddeln. Am Ende schaut nur noch der Kopf raus, was sehr lustig aussieht. Florian hat Schwierigkeiten wieder heraus zu kommen und wir müssen etwas nachhelfen. Jetzt sieht er fast aus wie ein gezuckerter Kreppel. Wir lachen, da hilft nur eine Runde im warmen Meer baden.

Mit Papa halten die Jungs zwischen den Steinen nach Krebsen Ausschau, bewaffnet mit Netzen und Eimern. Leider verstecken sich die Tierchen sehr gut und nur ab und zu gelingt es ihnen ein paar kleinere Exemplare zu fangen. Natürlich werden sie nach ausgiebigem betrachten wieder frei gelassen. In einer Ecke des Campingplatzes ist ein Hüpfburgen-Park aufgebaut, leider kostet er Geld und ist mittags wegen der starken Hitze kaum zu benutzen.

Außerdem kann Florian dort nicht alleine hingehen, immer muss jemand von uns dabei sein, denn er würde den Weg zum Mietwohnwagen nicht zurück finden oder er ginge mit jedem mit. In der Kinderbetreuung möchte er auch nicht ohne uns bleiben und so verbringen wir fast die ganzen zwei Wochen gemeinsam.

Auch zur Kinderdisco, die jeden Abend stattfindet, muss ihn immer jemand begleiten. Für Martin ist das nichts mehr, denn mit seinen vierzehn Jahren ist er aus diesem Alter raus.

Im Wohnwagen teilen sich unsere Jungs einen kleinen Raum mit zwei Einzelbetten und so geht Florian natürlich immer erst mit Martin ins Bett. Das Gute daran, dass wir morgens alle etwas länger schlafen. Abwechselnd holen wir im kleinen Campingladen frische Brötchen und frühstücken gemeinsam auf der überdachten Terrasse im Freien. Das ist herrlich, wenn die Sonne scheint und die Vögel zwitschern, so lässt es sich leben.

Abends laufen wir manchmal ins Dorf, wo zweimal in der Woche Marktstände aufgebaut sind. Dort gibt es immer viel zu sehen, wie auch einen kleinen Jahrmarkt auf der großen Wiese, der jeden Abend geöffnet hat. Florian freut sich immer ganz besonders auf das Kinderkarussell, zum Abschluss noch eine Zuckerwatte und er ist rundum glücklich.

Da ich im Urlaub nie allzu viel koche, gibt es Pizza und Nudeln satt. Essen ist für Florian immer sehr wichtig, da passt er akribisch auf, dass er ja nicht zu kurz kommt und wir müssen ihn oft bremsen, damit er nicht zu dick wird. So verbringen wir einen sehr schönen Urlaub mit unseren zwei tollen Jungs im sonnigen Italien.

Die Sommerferien gehen zu Ende und die Einschulung steht uns bevor. Es ist August 2009 als wir den Schritt in eine neue Welt wagen.

Florians Omas, der Opa, der Onkel und die Patentante, seine Schwester und wir Eltern begleiten ihn an seinem großen Tag. Mit neuem Schulranzen und großer Schultüte ist er stolz wie Oskar und strahlt übers ganze Gesicht. Er ist schon so gespannt, was sich alles in der tollen Schultüte versteckt. Die Anzahl der Leute, die sich zur Feier in den kleinen Turnraum einfinden ist überschaubar. Ich schätze so vierzig Personen, kein Vergleich zu den Einschulungen seiner Geschwister. Wir nehmen auf Stühlen, die für uns bereitstehen, Platz. Vier neue Kinder werden heute eingeschult. Ich bin aufgeregt und nah am Weinen, als ich seine neuen Mitschüler sehe.

Ein Junge ist total behindert, er sitzt in einem Rehabuggy, Kopf und Beine sind verdreht. Das Mädchen daneben schaut ganz normal aus, aber ihr Blick wandert ziellos durch den Raum und ihr Körper wippt immer hin und her. Ein zweites Mädchen, mit Brille, humpelt an der Hand ihres Papas auf einen freien Platz. Ein Arm hängt teilnahmslos von ihrer

Schulter, doch sie schaut neugierig in die Runde. Um ihren Hals trägt sie keine Kette sondern ein schönes Halstuch, das die Funkion eines Lätzchens hat, denn Speichel läuft andauernd aus ihrem Mundwinkel.

Ich werde aus meinen Beobachtungen gerissen als der Rektor die Ansprache hält, danach führen Schüler der zweiten Klasse einen flotten Tanz auf. Ein Mädchen mit Downsyndrom schaut den Tänzern nur zu, obwohl sie eigentlich zur Tanzgruppe dazu gehört. Die anderen tanzen mehr oder weniger gut zur Musik, jeder wie er kann. Es ist eine unwirkliche Situation, am Liebsten wäre ich gar nicht hier, so viele arme Kinder, denke ich, sie tun mir leid. Was Gesundheit und Normalität doch für große Geschenke sind, wird einem hier schmerzlich bewusst.

Im Anschluss lernen wir die zukünftige Klasse und die Lehrerinnen kennen. Ein kleines Frühstück steht für die Neuen bereit, damit sich alle ein wenig beschnuppern und in Kontakt kommen können. Es lässt mir keine Ruhe und ich muss die Lehrerin einfach fragen: „Warum muss der Junge im Rehabuggy, der so schlimm behindert ist, in die Schule gehen? Er kann doch gar nichts mitmachen und trotzdem ist er hier?" Die Lehrerin antwortet freundlich: „Es ist für solche Kinder gut, unter anderen Kindern zu sein, man weiß ja nicht, was und wie viel diese Schwerbehinderten von ihrem Umfeld mitbekommen. Auf jeden Fall ist es besser dabei zu sein, als nur zu Hause zu sitzen. Er wird in der Klasse mit einbezogen wo es nur geht. Vielleicht schaut er sich von den anderen Kindern ja etwas ab und wenn er nur lernt seinen Löffel zu halten oder alleine zu essen, dann wäre das schon ein Erfolg." Ich bin betrübt, so kleine Schritte wären für diesen Jungen schon ein Erfolgserlebnis. Wahnsinn, was für Dimensionen sich hier auf tun! Ich suche das Gespräch mit den anderen Eltern und erfahre, dass das Mädchen mit dem hängenden Arm schon im Mutterleib einen Schlaganfall hatte. Was es alles für schreckliche Sachen gibt. Dem ein oder anderen erzähle ich von Florians Behinderung. Die meisten Eltern dachten im ersten Moment, Florian sei hier fehl am Platz, weil man ihm absolut nichts ansieht. Das denke ich im Moment leider auch. Doch hier an dieser Schule ist er total richtig, wie sich später noch einmal bestätigt.

Nach ein paar Unterhaltungen und erstem Kennenlernen verabschiedet sich der bunte Haufen. „Bis morgen dann."
Danach fahren wir mit unserer Gesellschaft in ein Restaurant zum Mittagessen, wenn schon feiern dann richtig, egal wie es ist, Florian soll auch eine schöne Einschulungsfeier haben. Anschließend sitzen wir noch bei uns im Garten und die Geschenke werden ausgepackt. Von uns bekommt Florian ein Fahrrad mit Stützrädern, alles dauert bei ihm halt ein bisschen länger. Er strahlt und ist so glücklich über die vielen Geschenke und das sich heute alles nur um ihn dreht, unser Schulkind ist so voller Lebensfreude. Und trotz der Umstände ist es ein schöner Tag und insgeheim hoffen wir weiter, das die Ärzte sich irren und er doch noch alles aufholt.

Am nächsten Morgen holt Florian, zum ersten Mal, der rote Schulbus ab, es ist 8.30 Uhr. Erst um 15.15 Uhr wird er meinen Schatz wieder zurück bringen. Für mich eine lange Zeit, es fällt mir immer noch schwer ihn ziehen zu lassen. Jedes normale 6 jährige Kind wird meistens von den Eltern die ersten Schultage auf dem Schulweg begleitet auch sind die Kinder im Normalfall gegen 12.00 Uhr wieder zu Hause. Aber Florian soll ich gleich viel länger fremden Leuten überlassen in einer Ganztagsschule für Behinderte, die als Entlastung für die Eltern gedacht ist. Damit diese wieder ein paar Stunden Zeit für sich haben und Kraft tanken können.

Mein Herz weint, als ich meinen Kleinsten winkend verabschiede. Ich finde es ungerecht, er ist behindert und muss trotzdem mehr annehmen und aushalten als die Normalen. Hoffentlich gefällt ihm sein neuer Alltag. Ich weiß noch nicht, wie ich mich fühlen soll, glücklich oder traurig. Ich muss mich erst noch an die neue Situation gewöhnen und lenke mich mit Hausarbeit und Mittagessen kochen ab. Martin kommt ja mittags von der Schule und als 14 jähriger hat er meistens riesigen Hunger. Katharina hat eine Ausbildung in einer Bücherei angefangen, was für meine Leseratte der beste Ausbildungsplatz ist, den sie sich wünschen kann. So geht alles seinen Gang.

Zum Glück gefällt es Florian in der Schule, die Lehrer sind nett und engagiert und machen ihm den Schulalltag leicht. Er ist an allem interessiert und versucht überall mitzumachen. Dank vielem Üben in der Schule gelingt es ihm nun endlich mit dem Reißverschluss umzugehen. Bei anderen Sachen, was normale Gleichaltrige längst alleine bewältigen, braucht er aber immer noch Hilfe. Wie zum Beispiel beim Brot schmieren, Getränke einschenken, Zähneputzen oder beim An- und Ausziehen, vom alleine Duschen ganz zu schweigen.

Auch Popo abputzen ist immer noch eine Herausforderung und gehört zu Mamas Aufgaben.

Abends schläft er nun endlich in seinem eigenen Zimmer aber nicht in seinem Bett. Fast immer legt er sich auf den harten Boden zum Schlafen. Mit allen möglichen Mitteln habe ich versucht ihm sein Bett schmackhaft zu machen, doch die harte Erde gefällt ihm einfach besser. Sie scheint Halt und Schutz zu geben, so spürt er wohl seinen Körper besser und fühlt sich sicherer.

Manchmal nervt es schon, dass er so wenig weiter lernt. Da sagt Papa dann immer: „Florian hat seinen Ausweis und die Pflegestufe ja nicht umsonst." Er hat ja recht, doch wie gerne würde ich darauf verzichten.

Im September statten wir dem Kindergarten einen Besuch ab, leider ist heute nur eine Praktikantin da. Kaum angekommen entdecken vier ehemalige Freunde meinen Sohn und rennen auf ihn zu. Die Umarmung fällt so stürmisch aus, dass sie fast zu Boden stürzen. „Florian, bleibst du jetzt wieder bei uns?", fragen die Jungs. „Wir haben dich so vermisst." Ach, ist das schön, denke ich, und schade, dass er nicht mehr hier sein kann. Und schon sind sie durch den Gruppenraum nach draußen in den Garten verschwunden.

Eine ganze Stunde verfolge ich ihr schönes Spiel. Dann müssen wir leider gehen, denn wir haben noch einen Logopäden-Termin, daran hatte ich beim Herkommen gar nicht mehr gedacht. Ausgerechnet heute, das findet Florian echt blöd und nur mit Mühe und Not kann ich ihn loseisen. Das es sein erster und letzter Besuch sein wird, ahnen wir in diesem Moment noch nicht.

Es ist Winter geworden, draußen liegt der erste Schnee. Heute Mittag ist Florian mit seinem Bruder draußen im Hof und sie bauen einen riesigen, lustigen Schneemann. Leider hält der windschiefe Geselle nicht allzu lange, schon nach einer Stunde hat es ihn dahin gerafft und er liegt tauend auf dem Rasen. Zum Aufwärmen füllen die beiden die alte Metallwanne mit Holz und dann sitzen sie gemütlich nebeneinander auf einen Schlitten und schauen dem prasselnden Feuer zu. Ich bringe ihnen noch ein paar Marshmallows, die sie auf Stöckchen gespießt ins Feuer halten. Da sitzen meine zwei Helden in allerbester Eintracht, was habe ich doch für tolle Kinder.

Ab und zu treffen wir uns, noch immer, mit Florians Freund Tobias aus der Krabbelgruppe und seiner Mama. Meistens fahren wir dann ins Hallenbad, wo wir Mütter uns über alles Mögliche unterhalten und die Kinder im warmen Wasser herum toben. Da Tobias in unserem Ort in die Grundschule geht, erfahre ich so immer einige Neuigkeiten und bleibe auf dem Laufenden, was so in der Gemeinde geschieht. Auch zu zwei Kindergartenfreunden haben wir noch regen Kontakt, Jens der Junge, der es auf die Lernhilfeschule geschafft hat und Philipp, der ein hyperaktives Kind ist und kaum eine Minute still sitzen kann. Doch laut Mutter hat er einen Intelligenzquotienten von 130, also eigentlich hochbegabt. Philipp ist eineinhalb Jahre jünger als Florian, er wird erst nächstes Jahr eingeschult.

Hier bewahrheitet sich wieder der Satz: Gleich und gleich gesellt sich gerne, denn jeder hat so seine Probleme. Alle drei Jungs sind irgendwie Außenseiter, das schweißt ein bisschen zusammen.

Aber leider sind die Beziehungen nur oberflächlich, denn fast immer finden die Treffen nur auf Spielplätzen oder Schwimmbädern statt, selten zu Hause. Irgendwie werden wir auf Abstand gehalten. Doch heute starten wir mal den Versuch und laden Philipp bei uns zum Spielen ein, ohne Mama. Ich hoffe es geht gut, denn er ist ja, wie gesagt, ein Wildfang der immer Unsinn im Kopf hat. „Hallo", begrüße ich ihn, „ihr könnt oben in Florians Zimmer spielen und wenn ihr Hunger oder Durst habt, sagt Bescheid, ich bin hier unten in der Küche." Und schon sind die Zwei nach oben verschwunden.

Da alles kindgerecht ist und eigentlich nicht viel kaputt gehen kann, mache ich mir keine Sorgen und bin guter Dinge. Eine kurze Weile ist es relativ ruhig aber dann höre ich von oben klopfende rumpelnde Geräusche: Klack, klack. Es hört sich an, als ob die Jungs mit dem kleinen Ball spielen und ihn an die Wand werfen. Als nach zwanzig Minuten die Geräusche immer lauter werden, gehe ich doch lieber mal nachschauen. „Oh mein Gott! Was treibt ihr denn da?" Ein riesiger Berg Spielzeug türmt sich zwischen Florians Bett und der Wand auf. Philipp möchte gerade Katharinas altes Barbie Haus vom Gästezimmer in das Kinderzimmer ziehen. Das geht gar nicht, ich explodiere gleich. Soll das Haus etwa noch oben auf den Spielzeugberg? Ich schimpfe: „Philipp, lass das Haus dort stehen, wie sieht es denn hier aus?"

Wie können zwei Jungs ins so kurzer Zeit nur so eine Unordnung fabrizieren? Florians Autosammlung, die Playmobilfiguren, die Dinosauriersammlung, die gesamte Inneneinrichtung vom Barbie Haus und die riesige Kiste mit Lego, alles ist kunterbunt durcheinander gestapelt. Wütend ermahne ich die beiden aufzuräumen aber zuerst muss ich mal vor die Tür, tief durchatmen. In diesem Augenblick kommt mein Mann von der Arbeit, auch er ist geschockt von so einem Durcheinander. Eine ganze Stunde sind wir vier am Sortieren, es ist die wahre Pracht und ich stehe kurz vor einem Nervenzusammenbruch. Am Liebsten würde ich alles in einen Müllsack stecken, als hätte ich nicht genug zu tun. Wie kann man ich ein paar Minuten solch ein Chaos anrichten? Das ist wie Strafarbeit. Zum Glück wird Philipp kurz darauf abgeholt und eins steht felsenfest: Nächstes Mal ist wieder Treffen außerhalb unserer Wohnung angesagt.

Weil Florian oft seine Sehnsucht nach dem Kindergarten kund tut und unbedingt seine alten Freunde noch einmal besuchen möchte, rufe ich beim Kindergarten an. „Guten Tag, hier ist die Frau Rüsch, wann kann Florian euch mal wieder besuchen?" „Ja Frau Rüsch, jetzt ist es ganz schlecht," bekomme ich von der stellvertretenden Leiterin zu hören, „die neuen Kinder fordern vollen Einsatz." „Na dann vielleicht in den Weihnachtsferien?"„Da ist es noch schlechter, denn zu diesem Zeitpunkt sind einige Mitarbeiter im Urlaub." Ich verstehe nicht ganz, die liebe Leiterin sagte doch, Florian kann sie jederzeit besuchen kommen und jetzt doch nicht? Irgendwie fühle ich mich abserviert und frage ganz direkt: „Also kann Florian wohl gar nicht mehr kommen, höre ich das richtig?"
„Na das müssen Sie doch verstehen, er ist doch jetzt ein Schulkind." Ich fühle, wie es mir den Boden unter den Füßen wegreißt. Er soll doch seine Freunde zu sich einladen, rät mir die Erzieherin. Aufgeregt

antworte ich ihr: „Ja, wenn das so einfach wäre, viele Mütter wollen keinen Kontakt. Sie möchten nicht, dass ihre Kinder mit einem Behinderten spielen, nur zu drei seiner Kindergartenfreunde haben wir noch Kontakt."

Die Leiterin lässt sich auf keine weitere Diskussion ein, es geht nicht und fertig. Das darf doch gerade alles nicht wahr sein. Weihnachten, das Fest der Liebe, steht vor der Tür, es ist ein christlicher Kindergarten und sie machen alle Türen hinter uns zu. Ich fasse es nicht und spüre, dass ich gleich fürchterlich weinen muss und presse nur noch hervor: „Das ist herzlos!", und lege auf. Mein ganzer Körper bebt als ich von unserer Bettkante auf den Boden sinke und weine und weine. Ich kann nicht begreifen, dass Menschen so sein können. Wie ein Stachel bohrt sich die große Enttäuschung in mein Herz.

Als ich Florian später erkläre, dass er nicht mehr in den Kindergarten kommen darf, fällt es ihm sehr schwer damit umzugehen. Er tobt und schimpft: „Die blöden Erzieher, der doofe Kindergarten".

Er begreift nicht, warum er seine Kindergartenfreunde nicht mehr besuchen darf, ich verstehe es auch nicht.

Da es mir auch die Tage nach dem Telefonat keine Ruhe lässt, erkundige ich mich, wie unsere zwei anderen Kindergärten solche Besuche handhaben. Dort sei es gar kein Problem, dass Schulkinder ihre Gruppen noch mal besuchen, wenn sie den Wunsch haben. Ganze Tage in den Ferien seien möglich, wenn sie es einrichten können, sie seien da ganz flexibel.

Das frustriert mich sehr, warum stellt sich ausgerechnet unser Integrativkindergarten so quer und verwehrt Florian jeden Besuch?

Er tut mir so leid, weil er immer wieder den Wunsch, doch dorthin zu gehen, äußert und er es einfach nicht akzeptieren kann, dass seine Kindergartenzeit nun wirklich, endgültig vorbei ist.

Das erste Mal in meinem Leben fühle ich mich machtlos, so richtig hilflos, weil ich meinem Kind einfach nicht helfen kann.

Ein Jahr großer Emotionen

Im Januar 2010 können wir endlich den Gentest machen lassen. Dazu wird unserem tapferen Krieger ein bisschen Blut abgenommen, das dann in ein Humangenetisches Labor geschickt wird. Nach ein paar Wochen liegt das Ergebnis vor und mein Mann, Florian und ich besprechen es mit dem Humangenetiker an der Uniklinik Frankfurt.
Unser Sohn hat tatsächlich einen seltenen Gendefekt und seine Behinderung bekommt einen Namen: Partielle Trisomie 7 oder die genaue Diagnose: Duplikation 7q22.1 – 7q22.3. Somit ist ein kleiner Teil des 7er Gens dreifach vorhanden.

Solche Defekte können geistige Behinderungen oder Probleme mit der Fein- und Grobmotorik auslösen. Auch die Zyste kann damit in Verbindung stehen. Leider gibt es aber noch nicht allzu viele Erfahrungen mit diesem seltenen Gendefekt.
Der Arzt rät uns deshalb, abzuwarten was die Zukunft bringt, denn es wird immer neue Erkenntnisse in Sachen Gendiagnostik geben, da diese besonderen Testuntersuchungen (Arraytests) erst am Anfang stehen. Dem Arzt fällt auf, dass Florian seit der Einschulung vier Kilo zugenommen hat, was sehr viel in fünf Monaten ist. Sein Gewicht sollen wir auf jeden Fall im Auge behalten, sonst mutiert er noch zu einem super Dicken, warnt uns der kompetente Mann. Dann hätte er es im seinem Leben noch schwerer. Nein, wir bleiben dran, denn das wollen wir absolut nicht. Der Humangenetiker rät noch, uns selber testen zu lassen, damit wir Gewissheit bekommen, ob wir den

Gendefekt vielleicht vererbt haben. Was in Florians Fall aber eher unwahrscheinlich ist. Dafür gibt er uns Überweisungen mit und verabschiedet sich mit den Worten: „Stellen Sie sich in ein paar Jahren mal wieder bei mir vor, mich würde interessieren, wie sich Florian weiterentwickelt und wegen ihren Gentests telefonieren wir noch einmal. Auf Wiedersehen und alles Gute für Sie." Irgendwie sind wir erleichtert, dass die Behinderung eine Ursache beziehungsweise endlich einen Namen hat. Nun bleibt nur die Ungewissheit, ob wir nicht doch in irgendeiner Weise Schuld haben.

Zuhause recherchiere ich mal wieder am Computer, ob es andere Menschen mit diesem Gendefekt gibt. Leider sind nur sehr wenig Fälle gemeldet und die meisten leben im Ausland, ein Austausch somit schlecht möglich. Wie der Arzt schon sagte, vielleicht gibt es in ein paar Jahren mehr Forschungsergebnisse und Möglichkeiten.

Wieder einige Wochen später teilt uns der Humangenetiker mit, dass Haralds und meine Ergebnisse der Genuntersuchung da sind, ohne irgendwelche Anzeichen eines Defekts. Florians Gendefekt ist also eine Laune der Natur, einfach aus dem Nichts entstanden. Eine großer Stein fällt uns vom Herzen, wir sind nicht Schuld an seiner Behinderung, das zu wissen tut so unendlich gut.

Heute habe ich einen Termin mit der Schulsozialarbeiterin, sie zeigt mir welche Freizeitmöglichkeiten es für behinderte Kinder gibt. Der Ambulante Dienst bietet Spielsamstage und Ferienfreizeiten an, sogar mit Fahrdienst. In anderen

Vereinen gibt es Judo für Behinderte, Schwimm- oder Trommelkurse. Ich entscheide mich erst einmal für den Ambulanten Dienst, denn Florian soll auch in seiner Freizeit Spaß haben. Er kann sich ja nicht mal so einfach mit seinen Freunden um die Ecke treffen, wie es für sein Alter normal wäre. Da sind solche Spielsamstage oder Ferienspiele die Gelegenheit mit anderen Kindern zusammen zu sein. Zusätzlich melde ich ihn für die Donnerstagsnachmittagsgruppe der Schulbetreuung an, die von 15.15 Uhr bis 17.00 Uhr im Verein für Behinderte stattfindet. In deren Räumlichkeiten haben die Kinder die Möglichkeit unter Aufsicht von zwei FSJ-lern miteinander zu spielen. Dort gibt es allerlei Gesellschaftsspiele, Puzzles und eine Couch zum Faulenzen. Draußen auf dem eingezäunten Freigelände steht ein Kletterwürfel, eine Rutschbahn und eine Schaukel, ein Sandkasten und viele Büsche laden zum Spielen und Verstecken ein. Außerdem stehen den Kindern ein Tischkicker und eine Tischtennisplatte zur Verfügung. Ich denke es wird Florian dort gut gefallen. Irgendwie geht alles voran.

Immer mal wieder äußert mein Schatz den Wunsch, nur noch einmal den Kindergarten besuchen zu dürfen. „Du weißt doch, die wollen das nicht," versuche ich es ihm zu erklären.

Weil Florian aber keine Ruhe gibt und es ihm so viel bedeutet, fasse ich mir ein Herz und rufe nach Monaten noch einmal im Kindergarten an.

„Hallo guten Tag, hier ist die Frau Rüsch, die Mama von Florian." Die Leiterin persönlich ist am Apparat. „Wäre es nicht doch möglich, dass Florian noch ein einziges Mal zu Besuch kommen darf? Es würde ihm soviel bedeuten, denn in seiner Klasse sind nur Schwerstbehinderte und Florian hat dort noch immer keinen wirklichen Freund ."

„Ach Frau Rüsch, dass geht nicht, wir haben das doch schon einmal besprochen. Außerdem haben wir momentan zu wenig Personal." Ich ahne schon wieder was kommt und sage: „Na dann würde ich mitkommen und nach Florian schauen. Sie hätten gar keinen Mehraufwand." „Nein, das ist leider auch nicht möglich, Florian ist doch jetzt ein Schulkind." „Warum geht es nicht, in anderen Kindergärten ist es auch möglich, nur bei ihnen nicht?"

„Das glaube ich nicht, denn es geht schon aus versicherungstechnischer Seite nicht", sagt die Leiterin. „Das ist eine Ausrede, die anderen Kindergärten erlauben solche Besuche, ich habe mich erkundigt." Ich werde langsam wütend und es folgt ein regelrechtes Wortgefecht.„Also, egal wie es ist, es geht nicht. Zur Zeit sind wir auch mit unserem Umbau beschäftigt, da geht es drunter und drüber. Außerdem können wir keine Ausnahme machen, denn dann wollen nachher alle Schulkinder öfters zu Besuch kommen."

„Das halte ich für sehr unwahrscheinlich, die sind doch nicht behindert. Ich weiß von meinen Großen, das sie höchstens noch einmal vorbeischauen wollten, mehr war dann peinlich. Florian ist doch ein besonderer Fall und es würde ihm soviel Bedeuten noch einmal bei seinen alten Freunden zu sein."

„Laden Sie die Freunde doch zu sich ein", argumentiert die Leiterin. „Das haben wir doch schon probiert, viele Eltern wollen keinen engeren Kontakt. Können Sie nicht eine Sonderregelung für Florian einführen, sie sind doch die Chefin? Oder dass er ab und zu mal vorbeischauen könnte? Es wäre doch eh nur für ein Jahr, dann wechseln seine Freunde ja auch in die Schule und das Thema erledigt sich von selbst. Wir würden es auch bezahlen." Doch die Dame lässt sich nicht erweichen. „Es tut mir leid ich kann ihnen nicht helfen, dass müssen Sie doch verstehen." „Nein, ich verstehe das überhaupt nicht, ich verstehe die Welt nicht mehr!" Und schreie fast in den Hörer: „Wie kann ein christlicher Kindergarten so herzlos sein und absolut keine Nische für so ein besonderes Kind schaffen? Sie sind unmenschlich!", ich lege auf und versinke im Tränenmeer.

Das kann doch alles nicht wahr sein, warum hilft uns keiner? Gerade von solchen Menschen, die mit Integration zu tun haben, hätte ich Mitgefühl und Verständnis erwartet. Der Stachel der Enttäuschung rutscht immer tiefer in mein Herz. Große Stücke haben wir auf diesen Kindergarten gehalten, doch nun ist alles vorbei. Wir stehen draußen am Rand der Gesellschaft. Hätte ich vorher gewusst wie alles kommt: Das Florian in dieser Schule hauptsächlich die Dinge des alltäglichen Lebens lernt und er so oder so sehr wahrscheinlich in einer Behindertenwerkstatt landet, ich hätte für unseren Sohn gekämpft, dass er ein Jahr länger im Kindergarten hätte bleiben können. Denn alle seine Freunde sind noch dort und er hätte ein Jahr mehr Lebensfreude gehabt, ein Jahr länger spielen können. Es schmerzt aber die Erkenntnis kommt zu spät wir müssen uns mit den Begebenheiten abfinden.

Heute ist das erste Mal der Spielsamstag vom Ambulanten Dienst. Papa und ich fahren unseren Schatz zum ersten Treffen selber dort hin. Denn wir möchten uns mit den Räumlichkeiten und den Betreuern vertraut machen. Es ist uns immer wichtig zu sehen, wo Florian hinkommt und wer die Leute sind, die ihn betreuen.

Nachdem wir vom Kindergarten so abserviert wurden, liegt es uns umso mehr am Herzen neue Freunde für ihn zu finden. Diese Spielsamstage und Ferienfreizeiten sind eine gute Möglichkeit neue Kontakte zu knüpfen.

Nach dreißig Minuten Fahrzeit sind wir da. Am Rande der Stadt in einem mehrstöckigen Gebäude findet die Freizeit statt. Es gibt mehrere Zimmer mit Spielsachen, eine Musikanlage, eine Diskokugel, eine Bühne und großen Bausteinen zum Stecken, ein Bällebad und sogar eine Brettschaukel, die mitten im Raum hängt. Neben einem Bad mit Dusche, für Notfälle, gibt es noch die Küche in der ein großer Esstisch steht. Bei schönem Wetter wird der Spielplatz, der ein paar Straßenzüge weiter liegt, genutzt. Bei den Ferienfreizeiten die unter anderem auch hier stattfinden, stehen auch immer Ausflüge mit auf dem Programm. Mal geht es in den Zoo, mal in ein kindgerechtes Museum oder auf einen Indoorspielplatz. Wir sind glücklich, denn das alles hört sich gut an. Florian wird sich hier bestimmt wohl fühlen und so lassen wir ihn bei den anderen Kindern und den netten FSJ-lern zurück und wünschen ihm einen schönen Tag. Wir wiederum genießen unseren ersten freien Samstag. Doch kaum haben wir uns an das Alleine sein gewöhnt trudelt unser Kleinster gegen 16.30 Uhr wieder bei uns ein. Es hat ihm viel Spaß gemacht. da möchte er auf jeden Fall wieder hin. Was für ein Glück.

Beim zweiten Spielsamstag sitzt im roten Bus ein netter Junge mit Brille und so wie er aussieht scheint er das Downsyndrom zu haben. Freundlich winkend ruft er: „Hallo," und ich bin guter Dinge, dass es Florian auch heute wieder gut gefällt.

Als er am Nachmittag wieder zurück kommt ist er erschöpft aber glücklich. Paul, so heißt der nette Junge, ist nun sein neuer Freund.

Auch die nächsten Male ist Paul mit im Bus. Dieses Mal gebe ich dem Jungen einen Zettel mit unserer Adresse und Telefonnummer mit, damit seine Mama uns mal anrufen kann. Wir könnten einen Termin zum Kennenlernen ausmachen, wenn Sie das auch möchte.

Die Mutter meldet sich tatsächlich und ich lade die Zwei zu uns ein.

Es wird ein schöner Nachmittag, Paul ist wirklich ein sehr freundlicher gut erzogener Junge, der toll mit Florian spielen kann. Ich erfahre, dass seine Eltern eigentlich aus Polen sind aber schon lange in Deutschland leben. Wir Mütter sind uns auf Anhieb sympathisch und es entwickelt sich eine feste Freundschaft. Außerdem haben wir großes Glück, dass Pauls Mutter uns zu einem Tanzunterricht für behinderte Kinder mitnimmt. So lernen wir weitere Behinderte kennen und eine schöne Gruppe findet sich zusammen. Während die Kinder unter flotter Musik tanzen oder sich gemeinsam nach dem Rhythmus bewegen, unterhalten sich die Mütter im Vorraum. Es ist eine schöne Abwechslung zu unserem Alltag.

Zusätzlich findet alle zwei Monate ein Treffen bei einer Mutter zu Hause statt. Die Mehrheit der Tanzkinder hat das Downsyndrom, wie auch ihre Tochter, deshalb kennen sich die meisten Eltern schon lange von der Frühförderstelle. Das ist eine

Anlaufstelle für Eltern, deren Kinder auffällig sind. Leider fehlt uns diese Erfahrung und der Austausch, weil Florians Behinderung erst später erkannt wurde. Ich genieße diese Down-Treffen immer sehr, vor allem die Gespräche bei Kaffee und Kuchen, denn hier fühlt man sich verstanden, aufgehoben und akzeptiert. Florian freut sich auch immer auf die tolle Spielzeit. Meistens sind wir acht Frauen und unsere Kinder spielen entweder oben im Kinderzimmer, bei uns unten im Wohnzimmer oder bei schönen Wetter im kleinen Garten. Draußen gibt es zur Freude der Kinder ein großes Trampolin und eine Hollywoodschaukel. Wir trauen uns neue Wege zu gehen und es tut gut.

An einem Montag im März 2010 ruft mich mein Vater an und teilt mir mit, dass meine älteste Schwester auf der Straße zusammengebrochen ist. Sie wurde in die Klinik eingewiesen. Im Laufe der Woche besuche ich sie mit Geschenken, da sie ihren 52. Geburtstag im Krankenhaus verbringen muss, es scheint ihr besser zu gehen. Die Ärzte haben noch nichts Konkretes gefunden außer den Begleiterscheinungen ihres extremen Übergewichts. Dennoch verhält sie sich an ihrem Geburtstag seltsam. Die Geschenke möchte sie gar nicht auspacken, nur wissen was drinnen ist. Komisch, denn Geschenke auspacken war meiner Schwester sonst immer super wichtig.

Dass ich sie an diesem Tag das letzte Mal lebend sehe, ahne ich nicht.

Am nächsten Morgen fällt sie aus ihrem Krankenbett, warum auch immer. Die Nachtschwester findet sie mehr tot als lebend. Meine Schwester fällt ins Koma und es folgen drei endlose Wochen zwischen Hoffen und Bangen, doch sie schafft es nicht mehr ins Leben zurück und verstirbt ein paar Tage nach Ostern. Florian ist auch sehr traurig, denn emotional ist er ganz normal. Er findet das ganz blöde und stellt viele Fragen: „Wo ist meine Tante jetzt, geht es ihr gut, kommt sie wieder?" Ich versuche es ihm so gut wie möglich zu erklären, dass sie nun bei Gott ist. „Ich glaube fest, sie schaut uns jetzt von oben zu und es geht ihr dort gut wo immer sie jetzt auch sein mag." Meine heile Welt, wo ist sie hin? Die letzten zwei Jahre brachten so viele Tiefschläge, was ist nur los? Papa rät mir zu einer Auszeit und nochmal eine Mutter Kind Kur wahrzunehmen. Ja, ich glaube, dass würde mir nach all den Ereignissen gut tun, ich werde es mir überlegen.

Im Juni findet von Florians Schule eine interessante Veranstaltung statt: Rollen für den Bus. Die Schule möchte sich einen kleinen Bus anschaffen, damit einzelne Schulklassen mobiler sein können. Für kleine Ausflüge ohne viel organisatorischen Aufwand. Das meiste Geld ist schon zusammen und für den Rest soll die heutige Aktion auf dem Sportgelände sorgen. Mit Rädchen, Dreirädern, Rollstühlen, Inlinern, Tandems und allerlei Behindertenfahrzeuge, halt alles was rollt, darf gefahren werden. Eltern, Kinder, Omas, Opas, Geschwister und Freunde alle sind dabei. Wir staunen wie viele Menschen mitmachen und wie vielfältig der große Fuhrpark ist. Florian ist eifrig bei der Sache und dreht mit seinem kleinen Fahrrad fleißig seine Runden. Alle sind locker und fröhlich und sehr motiviert. Für jede Runde spenden Sponsoren Geld und so kommt einiges zusammen. Es ist ein schöner sonniger Tag mit Musik, Kaffee und Kuchen, Würstchen und Getränken und auch eine Gelegenheit mit anderen Eltern und deren Kindern in Kontakt zu kommen. Ich fasse meinen Mut zusammen und spreche Maltes Mutter an, das ist der Junge aus Florians Klasse, der im Rehabuggy sitzt. Der arme Kerl, der eigentlich nichts mitmachen kann, bei dessen ersten Anblick ich bei der Einschulung zutiefst betroffen war.

„Hallo, ich bin die Mutter von Florian, darf ich fragen, was Malte hat?" Offen schildert die Mutter mir ihre Situation:„Mein Sohn kam schon schwerbehindert zur Welt, sein Gehirn ist nicht richtig entwickelt und zu allem Überfluss kommen noch epileptische Anfälle dazu." „Bekommt Malte etwas von dem mit, was um ihn herum geschieht?" „Na ja, so genau weiß das keiner, die Ärzte meinen eher nicht, weil er auch fast blind ist. Ich denke aber schon, dass er Einiges wahrnimmt. Denn er genießt es zum Beispiel, wenn wir zusammen schmusen oder er gestreichelt wird, dann wird er ganz ruhig. Fühlt er sich nicht wohl oder etwas gefällt ihm nicht äußert er das durch Jammern." „Das ist aber ganz schön schwer für Sie", sage ich. „Na ja, es geht, man gewöhnt sich mit der Zeit an alles und eigentlich leben wir so ganz gut mit Malte. Man kann ihn überall mitnehmen oder hinlegen, muss ihm nie hinterher laufen oder ihn zurecht weisen. Er beschwert sich selten und ist meistens ausgeglichen."

Erstaunlich, wie sie trotz ihrem schweren Schicksal noch das Positive aus ihrer Situation ziehen kann. In so einer Ausnahmesituation versucht wohl jeder das Gute in den Vordergrund zu stellen. Uns geht es ja genauso auch wir halten uns oft vor Augen, es hätte schlimmer kommen können. Es ist wohl so eine Art Selbstschutz, damit man irgendwie mit einer unabänderlichen Lage zurechtkommt.

„Aber was hat Florian denn? Als ich ihn bei der Einschulung sah, dachte ich, der Junge ist doch bestimmt falsch hier." Ich erkläre, dass er einen seltenen Gendefekt und eine große Zyste am Gehirn hat. „Dadurch ist Florian geistig behindert." Die nette Mutter meint darauf: „Ich habe euch bei der Einschulungsfeier bedauert, wie schrecklich muss es sein, ein fast normales Kind unter solch argen Bedingungen zu sehen." Ich bin beschämt, diese Mutter hat mich bedauert und ich dachte, sie sei schlimm dran.

Wir lernen noch Anna und ihre Eltern kennen. Sie ist das Mädchen aus Florians Klasse mit dem hängenden Arm und dem Halstuch, die schon im Mutterleib einen Schlaganfall hatte. Anna ist immer unterwegs, sie will alles anschauen, überall hin laufen. Mit ihrer Mama nimmt sie auch am Rollen für den Bus teil, mit einem großen Dreiradtandem fahren sie einige Runden. Ich bin sehr fasziniert,

was es alles für Fortbewegungsmöglichkeiten gibt. Auch eine Kindergartengruppe und eine Schulklasse von der ortsansässigen Schule machen beim Runden fahren mit. Es ist schön zu sehen, wie sich „Normale" für den guten Zweck einsetzen. Ein bisschen Glück und Freude zwischen all dem Elend. Gegen 17.00 Uhr folgt die Siegerehrung, wer die meisten Runden geschafft hat bekommt eine Urkunde.

Trotz allem ist es eine schöne Veranstaltung mit Spaß und Freude und zu guter Letzt ist am Ende das restliche Geld für den Schulbus zusammengekommen.

Im Juli 2010 verbringen wir mit Martin und Florian zusammen zwei Wochen Sommerurlaub in Österreich. In einem kleinen Dorf haben wir ein schönes kleines

Familienhotel gebucht. Es ist zwar nicht das modernste aber sonst ganz in Ordnung. Der Chef kocht selbst und seine Frau kümmert sich um das Drumherum. Es sind nette Leute und das vier Gänge Menü schmeckt fantastisch. Florian ist immer ein bisschen unruhig und vorlaut beim Essen und damit die Wirtsleute nicht denken, wir hätten unseren Sohn schlecht erzogen, klären wir sie über seine Behinderung auf. Wie der Zufall es will, erfahren wir, dass auch sie eine geistig behinderte Tochter haben, allerdings ist sie schon 24 Jahre alt. Auch sie haben es erst bei der Einschulung erfahren, dass mit ihrem Mädchen etwas nicht stimmt.

Wie bei Florian sieht man der Tochter nichts an und ihr Intelligenzquotient liegt ebenfalls wie bei Florian um die 67. Parallelen gibt es, verrückt. Was aber genau bei ihr die Ursache ist, kann jedoch niemand sagen. Da haben wir mehr Gewissheit. Mittlerweile arbeitet die junge Frau als Hilfskraft in einem Lebensmittelladen, wohnt aber noch immer bei ihren Eltern. Einige Tage später dürfen wir die junge Frau kennenlernen. Sie begrüßt uns freundlich und wir wechseln ein paar Worte miteinander. Sie macht einen aufgeschlossenen aber naiven Eindruck, eher wie ein großes Kind als wie ein Erwachsener. Nun können wir uns ein kleines Bild machen, von dem was uns vielleicht mal erwartet, wenn Florian erwachsen ist.

Wir erleben einen abwechslungsreichen Urlaub. Fahren mit der Seilbahn auf den Berg und gehen ein bisschen wandern. Papa traut sich mit einem wahnsinnig hohen Fluggerät den Berghang hinunter zu sausen. Dafür klettert er, mit Helm ausgerüstet, in einen Gurt, der an einem Art Paragleiter befestigt ist.

Dann wird er, im Prinzip einer Seilbahn, an einem Stahlseil rückwärts in die Höhe gezogen. Ich halte die Luft an. Hoffentlich bekommt mein Mann keinen Herzinfarkt, bei der Höhe, ich stehe jedenfalls kurz davor, vor lauter Aufregung.

Als Harald ganz oben am Gipfel angekommen ist, wird er ausgeklinkt und fliegt mit vollem Karacho, am Seil hängend, ins Tal zurück. Wie ein richtiger Drachenflug, nur eben am Drahtseil gesichert. Wahnsinn, mich brächten keine zehn Pferde da hinauf. Florian jammert, er will auch unbedingt mit fliegen. Zum Glück ist das erst ab acht Jahren zugelassen, ich würde sterben aus Angst um ihn. Papa landet etwas blass um die Nase aber total glücklich und voller Euphorie heil auf der Erde. Am liebsten würde er gleich wieder los und nochmal fliegen. Doch wir wollen nicht noch einmal warten und so geht es weiter mit unserer kleinen Wanderung.

Am nächsten Tag fahren wir, in offenen Waggons, mit der ratternden rauchenden Dampfeisenbahn durch die Berge. Die Natur zieht langsam an uns vorbei und wir fühlen uns in die Zeit zurück versetzt. Es macht riesigen Spaß, nur die alten Holzbänke sind nach einer Stunde etwas ungemütlich. Da ist der Besuch im Freibad ein guter Ausgleich, wenn auch ein bisschen frisch.

Das Sommerwetter ist halt nicht mit dem sonnigen Italien zu vergleichen, wo wir sonst Urlaub machen. Doch dieses Jahr wollten wir mal wieder in die Berge, denn die haben auch ihren Reiz.

Wie jedes Mal sind die schönen Tage viel zu schnell vorbei und der Alltag kehrt zurück. Haushalt, Schule, Hausaufgaben machen, Freizeitaktivitäten und Arzttermine wahrnehmen.

In letzter Zeit entwickelt Florian immer mehr Ticks, zum Beispiel wenn er auf der Couch sitzt und Fernsehen schaut, zuckt er ruckartig mit dem Kopf. Es ist wie kurzes Kopfschütteln. Oder es gibt Momente, da räuspert er sich ständig.

Morgens, als er mal wieder neben mir im Bett schläft bemerke ich, dass seine linke Körperhälfte leicht zuckt. Auch beim Spazieren gehen arten seine Ticks manchmal total aus. Da bleibt Florian auf einmal ruckartig stehen und drückt dabei meine Hand und das so zehn Mal auf hundert Meter. Am Anfang dachte ich er macht es absichtlich aber nun glaube ich, er registriert es gar nicht. Denn wenn ich ihn ermahne damit aufzuhören sagt er: „Ich kann doch nichts dafür." Auf jeden Fall ist das nicht normal, hat es etwas mit seiner Zyste zu tun?

Ich mache mir Sorgen und lasse uns einen Termin beim Neurologen geben. Nach einem Gespräch und ersten Untersuchungen bekommen wir einen neuen Termin für ein EEG. So was wurde bei Florian noch nicht gemacht und könnte den Verdacht auf Epilepsie bestätigen.

Nach einer Woche nehmen wir diese Untersuchung wahr und ich hoffe, dass mein Jüngster gut mitmacht, denn für den Test muss er ganz still liegen und die Augen auf und zu machen. Auch so ein Stroboskop, so ein Flackerlicht wie in der Disco ist bei der Untersuchung dabei. Dank der super netten, kompetenten Arzthelferin klappt das Mitmachen einiger Maßen gut.

Nach einer weiteren Woche warten erfahre ich heute das Ergebnis. Wie der Test zeigt, hat Florian tatsächlich Anzeichen der Rolando-Epilepsie, die sich aber momentan nur durch die verschiedenen Ticks und nicht durch Anfälle bemerkbar machen. Medikamente brauchen wir noch keine, wir sollen unseren Sohn nur gut beobachten, denn es könne jederzeit zu einem großen Anfall kommen. Wenn wir Glück haben passiert das nie aber genau kann das mal wieder keiner sagen, nur das diese Form der Epilepsie sich normalerweise in der Pubertät verwächst. Na wenigstens etwas Positives.

Trotzdem bin ich geschafft, die letzten Monate zerren an meinen Nerven. Immer noch was obendrauf und Martin macht es uns mit seiner Pubertät auch nicht gerade leicht. Was der Kleine nicht schafft, das schafft der Große.

Martin bereitet uns so manche schlaflose Nacht, Katharina war da irgendwie einfacher. Wir gerieten in der Pubertät mal kurz aneinander aber dann war es auch wieder gut. Bei Martin beißt man sich Zähne aus, er wollte schon immer mit dem Kopf durch die Wand. Ich vergesse nie, wie er als Dreijähriger etwas nicht bekam. Da sagte er doch glatt: „Wenn ich das nicht bekomme, laufe ich weg." Ein Dreijähriger, dem sein Zuhause und seine Mama normalerweise über alles geht, ich war baff. Und so ist er halt unser Großer, er will immer den Ton angeben. Jetzt in der Pubertät lotet er voll seine Grenzen aus, bis zum Anschlag: Wie lange er fernsehen schauen oder Computer spielen darf, wann er heim kommen muss. Geschweige denn Lernen für die Schule, so was braucht man in seinen Augen gar nicht.

Heute ist mal wieder so ein extremer Kampftag. Es ist 22.00 Uhr und ich möchte, dass er den Computer ausschaltet. Während einem Wortgefecht läuft Martin in die Küche, ich hinterher. Dort eskaliert die

Situation. Vor lauter Zorn knallt er mir die offene Milchpackung vor die Füße. Schränke, Stühle, Tisch, der Boden alles voller Milch und der Rest der Packung läuft zu einem kleinen See zusammen. Wütend rauscht Martin an mir vorbei nach oben in sein Zimmer. Ich fasse es nicht, was da gerade passiert. Wie kann ein Kind nur so stur sein? Frustriert und müde steigen mir die Tränen in die Augen. Nun muss ich die ganze Schweinerei wieder sauber machen. Womit habe ich das verdient?

Mein Mann, der den Krach gehört hat kommt aus dem Bad zu mir in die Küche und lässt sich die Sachlage erklären. „Warum willst du alles aufwischen, Martin hat die Sauerei veranstaltet also muss er sie auch wegmachen." „Ja, da hast du eigentlich recht, warum soll ich es für ihn machen?" Ich laufe hoch, reiße Martin Zimmertür auf und brülle: „Du hast die Schweinerei gemacht also wischst du sie auch wieder weg, ich gehe jetzt in mein Bett." Dann lege ich mich wirklich in mein Bett und horche. Wenn Martin nicht geht, muss ich wohl oder übel doch noch zum Putzen runter in die Küche, weil sonst die Milch morgen so angetrocknet ist, dass man sie so gut wie gar nicht mehr abbekommt.

Doch, oh Wunder, nach einer kurzen Weile höre ich Schritte. Martin geht tatsächlich runter und wischt alles sauber. Wow, wenigstens ein Lichtblick. Natürlich weiß unser Großer, das seine Reaktion nicht in Ordnung war aber die Pubertät hat ihn und uns ganz schön im Griff.

Meine Nerven sind recht dünn geworden, deshalb bin ich froh, dass ich die Reißleine ziehe und mit Florian im Oktober noch einmal zur Mutter Kind Kur fahre.

Endlich wieder mal Kraft tanken, von all den Ereignissen Abstand nehmen. Dieses Mal suche ich mir extra eine Klinik aus, die sich auf die Betreuung behinderter Kinder spezialisiert hat. Bei der ersten Kur wussten wir ja noch nichts von seiner Behinderung.

In 250 Kilometer Entfernung liegt die schöne Einrichtung mit nur dreißig Zimmern, richtig familiär. Es findet sich gleich nach der Ankunft eine nette Mutter Kind Gruppe zusammen und wir erleben eine sehr schöne gemeinsame Zeit. Ärzte und Personal sind alle super freundlich, was uns die Eingewöhnungszeit sehr erleichtert.

Dazu gibt es tolle Angebote, wie Yoga und Selbstverteidigung, progressive Muskelentspannung, Frühsport, Nordic Walking und Gesprächsgruppen. Natürlich tun die Massagen und Heilbäder besonders gut. Der Mann, der Yoga und Selbstverteidigung macht, ist ein lustiger netter Kerl, der hauptberuflich Leiter einer Kampfsportschule ist und seine Ausbildung bei einem asiatischen Meister in Tibet absolvierte. Er strahlt soviel Lebensfreude aus und so freue ich mich auf diese Stunden besonders. Auch mit den Kindern kann er super umgehen, für die er ähnliche Kurse anbietet, nur halt kindgerecht.

Zusätzlich organisiert er einen Tagesausflug für die Kinder, wo es zu ihm auf den Bauernhof geht und sie die Tiere streicheln und Ponys reiten dürfen. Dabei erklärt er die Natur und als Abschluss werden Kartoffeln und Stockbrot am Lagerfeuer gegrillt. Das ist für Florian ein ganz besonders schöner Tag, denn hier hat keiner ein Problem mit seiner Behinderung und er darf überall mitmachen. Die Kinderbetreuung, die montags bis freitags von 9.00 Uhr bist 16.00 Uhr stattfindet, bietet viele schöne Aktionen an: Basteln, singen, Gesellschaftsspiele und kleine Ausflüge. Auch die Essensregelung hier in der Kurklinik ist super geregelt: Eltern und Kinder nehmen zusammen das Frühstück und das Abendbrot ein, das Mittagessen dürfen die Mütter oder Väter alleine genießen. So hat man wirklich mal wieder Zeit für sich.

Nach der Betreuung werden Dreiräder, Bobbycars und Roller aus der Garage geholt. Entweder saust die wilde Truppe damit im Innenhof herum oder die Kinder gehen noch hinüber auf den großen Abenteuerspielplatz zum Austoben.

Ich wundere mich immer, wie viel Energie die Kids abends noch haben. Wir Mütter vertreiben uns dann eher mit Smalltalk die Zeit, bis es um 18.00 Uhr Abendbrot gibt. Danach ziehen sich die meisten auf ihre Zimmer zurück, wir auch. Entweder spielen wir noch etwas zusammen oder schauen Fernsehen. Gegen 20.00 Uhr ist für Florian dann Schlafenszeit, was zum Glück gut klappt, denn er hat ein eigenes kleines Zimmer. Und nach all den schönen Erlebnissen fallen ihm meistens nach ein paar Minuten die Augen zu.

Samstags ist nur bis 13.00 Uhr Kinderbetreuung und Sonntags findet gar keine statt. So besucht eine kleine Kurgruppe am Samstag den nah gelegenen Wildpark. Dieser ähnelt einem kleinen Zoo, dort gibt es Elefanten, Zebras, Affen und viele andere Tiere und wir genießen den schönen Herbsttag. Zwei Stunden später schlecken wir zum Abschuss noch ein Eis, danach fahren wir gemütlich zurück.

Die Mutter-Kind-Klinik liegt oberhalb, etwas abseits am Waldrand und der kleine Ort im Tal ist in ein paar Minuten zu Fuß erreichbar aber sonst ist rundherum nicht viel los. Da bin ich froh, dass ich mein Auto dabei habe, so sind wir unabhängiger und können auch mal die Gegend ohne viel Aufwand erkunden.

Da das Wetter so schön ist machen wir Sonntags noch einen Ausflug zum See. Dort besteigen wir ein Ausflugsschiff und schippern eine Stunde über das Wasser. Oben an Deck lassen wir uns die Sonne ins Gesicht scheinen. Vor allem Florian findet es klasse, weil er wieder ein Eis lecken darf und mit seinen neu gewonnenen Freunden spielen kann. Nach der Schifffahrt gehen wir mit einigen Müttern noch am verwaisten Strandbad entlang, jetzt in der Herbstzeit ist hier nicht allzu viel los. So verbummeln wir den zweiten Sonntag in gemütlicher Runde.

Als wir dann später am Parkplatz an unserem Auto angelangt sind, rufe ich Papa an. Dieses Mal soll er uns lieber nicht besuchen, denn es sind 250 Kilometer bis hierher und beim Besuch in der letzten Kur hatte er sich ja die Magendarmgrippe eingefangen. Deswegen telefonieren wir eigentlich jeden Abend miteinander, nur eben möchte ich ihm gleich erzählen, wie schön unser Ausflug ist, drum wähle ich schon jetzt seine Nummer.

Nach ein paar Worten merke ich, dass etwas nicht stimmt. „Sag mal ist irgendetwas mit dir, du bist so komisch?" Mein Mann sagt: „ Rufe mal deinen Vater an." „Oh nein, ist etwas mit meiner Mutter?" „Nein, das ist es nicht." „Nun sag doch, sag du es mir."

Dann erzählt mir mein Mann, dass vor einer Stunde der Mann meiner zweiten Schwester bei sich zu Hause umgekippt ist. Tot, Herzinfarkt mit 55 Jahren. Meine Schwester rief sofort den Rettungswagen, der auch binnen weniger Minuten mit dem Notarzt vor Ort war. Sie fuhren dann so schnell wie möglich in die Klinik, mein Vater mit meiner Schwester hinterher. Doch in der Notaufnahme angekommen wurde ihnen mitgeteilt, das es mein Schwager nicht geschafft hat. Ich bin geschockt, weine und starre vor mich hin. Florian fragt ängstlich: „Mama, traurig?" „Ja", sage ich, „Onkel Harald ist gestorben." Oh mein Gott, einfach von heute auf morgen hat er sich aus dem Staub gemacht, ich fasse es nicht. Das Jahr ist schrecklich, erst meine älteste Schwester, nun mein Schwager.

Wie soll man die ganzen Schreckensnachrichten verkraften, warum lässt Gott das geschehen? Oh bitte Herr gib mir Kraft, das alles zu verarbeiten.

Ich versuche mich zu sammeln und es meinem Kleinen notdürftig zu erklären. Auch er ist sehr traurig, denn sein Onkel hat immer so lustigen Quatsch mit ihm gemacht. Wir können nur hoffen, dass er jetzt im Himmel auf uns wartet und wir ihn irgendwann wiedersehen. Florian meint, ob wir da mal hingehen und den Onkel besuchen können. „Oh Florian, wie soll ich dir das verständlich machen? Das geht leider nicht."

Als wir zurück in die Klinik kommen, merken die anderen gleich, dass etwas geschehen ist, darum erzähle von dem Telefonat. Die Frauen sind sehr nett, drücken mich und versuchen zu trösten. Natürlich ist es mit der Erholung nicht mehr so gut, da das Unglück alles überschattet.

Zur Trauerfeier möchte ich unbedingt dabei sein und heimfahren. Die Klinikleitung ist sehr verständnisvoll und ermöglicht mir diese Auszeit, sogar ohne Florian. Ich solle mir keine Sorgen machen, Florian kann den Tag hier verbringen und wie gewohnt bis 16.00 Uhr in die Betreuung gehen und danach passen netterweise die anderen Mütter auf ihn auf. Dafür bin ich ihnen sehr dankbar. So mache ich mich gleich nach dem Frühstück auf den Weg und fahre die 250 Kilometer nach Hause.

Es ist ein komisches Gefühl meinen Sohn zurückzulassen und nach einer Woche Kur alleine daheim anzukommen. Aber ich vertraue darauf, dass er gut unter ist. Mein Mann nimmt mich erst einmal ganz doll in die Arme, wie gut, dass wir uns haben. Nachdem ich umgezogen bin, fahren wir zur Trauerfeier. Es ist unendlich schwer, doch tut es auch gut hier zu sein, zu spüren, wie alle füreinander da sind. Meine Eltern sind stolz auf mich, dass ich den Weg auf mich genommen habe und gekommen bin. Gemeinsam stehen wir den schweren Tag durch. Wieder geht etwas zu Ende, das Leben ist ständige Veränderung.

Am Abend verabschiede ich mich von meinen Lieben und trete die Rückfahrt an. Wieder fast drei Stunden Fahrt durch die einbrechende Dunkelheit. Gedanken ziehen mir durch Kopf, hoffentlich hat Florian nicht geweint. Ich hatte ihm zwar erklärt, dass es besser ist, dort den Tag zu verbringen aber wie wird er es verkraftet haben? Gegen 20.30 Uhr bin ich in der Klinik zurück und klopfe an das Zimmer einer Mitbewohnerin bei der mein Schatz untergekommen ist. Die Tür geht auf und er umarmt mich freudestrahlend. „Mama bist du schon wieder da? Ich will aber noch hier bleiben." Soviel zu meiner Abwesenheit.

Alles hat prima geklappt. Ich bedanke mich für das Aufpassen und unter Protest gehen wir auf unser Zimmer. Es war ein langer Tag.

Am nächsten Morgen lasse ich mir Zeit, stelle mich erst einmal unter die warme Dusche, alles Traurige abspülen. Wenn das so einfach wäre. Als ich mich gerade angezogen habe, klopft es an meiner Tür. Zwei Mütter stehen aufgeregt davor und fragen, ob alles in Ordnung sei? Sie haben sich Sorgen gemacht, weil wir noch nicht zum Frühstück erschienen sind. Das ist aber nett. Ich kann sie aber beruhigen, es ist alles okay, wir kommen gleich. Die eineinhalb Wochen verfliegen und das Kurende steht vor der Tür.

Am letzten Abend bestellen wir Mütter uns Pizza und sitzen noch eine Weile zusammen. Da wir so eine tolle Gruppe waren und es uns hier so gut gefallen hat, haben wir für die Angestellten, als kleines Dankeschön, Medaillen in Form eines Männchens anfertigen lassen. Mit dem Aufdruck: „Das Einzige was sich vermehrt, wenn man es teilt, ist die Liebe. Herzlichen Dank, die Strebergruppe 2010." Ich glaube, in dieser Einrichtung waren wir nicht das letzte Mal, vielleicht sieht man den ein oder anderen ja mal wieder.

Heute Mittag nach der Schule will Florian noch ein wenig draußen bleiben und im Sandkasten spielen. Ich beobachte ihn durch das Küchenfenster und richte nebenbei das Essen für Papa. Auf einmal ist mein Sohn aus meinem Blickwinkel verschwunden.

Schnell ziehe ich mir die Jacke über und gehe raus um zu schauen wo er ist. Im Garten kann ich ihn nirgends entdecken und auch im Hof ist er nicht. Da sehe ich das Hoftor aufstehen. Er wird doch nicht raus gelaufen sein? Da vergisst man einmal abzuschließen und schon ist er weg. Ich rufe seinen Namen, doch keine Antwort. Am Tor angekommen wandern meine Blicke nach links und nach rechts, doch ich sehe ihn nicht. Das ist unmöglich, in so kurzer Zeit kann Florian nicht spurlos verschwunden sein. Ein paar Meter weiter ist unsere Hauptverkehrsstraße, hoffentlich ist nichts passiert. Angst steigt in mir hoch als ich zur Hauptstraße laufe, ich kann ihn nirgends entdecken. Wenn ich ihn nicht finde, muss ich die Polizei rufen. Oh mein Gott, wo ist er nur?

Ich will schon in totale Panik verfallen, als ich meinen Ausreißer mit einem Mann aus dem Bäckerladen kommen sehe. Danke, danke lieber Gott. Ich winke und laufe ihnen entgegen und bin so erleichtert. Der Mann erklärt mir, dass Florian ganz alleine auf dem Gehweg gelaufen ist und er das Kind lieber mal mit in die Bäckerei genommen hat.

Dort fragte er, ob ihn jemand kennt, was leider nicht der Fall war. „Das war aber nett von Ihnen vielen, vielen Dank." Dann wende mich Florian zu. „Ein Glück habe ich dich gefunden, so etwas darfst du nie wieder tun, hörst du? Nächstes Mal nimmt dich vielleicht ein nicht so freundlicher Mann mit und du findest nie wieder zu uns zurück." Unser Sonnenschein strahlt und versteht die Aufregung überhaupt nicht. Er ist sich keiner Schuld bewusst, er wollte doch nur mal eine Runde spazieren gehen.

So nehme ich ihn mir noch einmal ausgiebig zur Brust und nach meinem eindringlichen Erklären verspricht er mir hoch und heilig, nicht mehr ohne uns fortzugehen. Hoffentlich vergisst er sein Versprechen nicht wieder, bei seinem schlechten Gedächtnis.

Im November 2010 steht ein MRT Termin an. Zwei Jahre sind seit der Schockdiagnose vergangen und nun soll kontrolliert werden, ob Florians Zyste wächst oder sich verändert hat. Leider macht die Kinderklinik die Untersuchung, wenn man mit Narkose wünscht, nicht mehr ambulant. Weil Florian die Aktion aber nur im Tiefschlaf über sich ergehen lässt bedeutet das, für mich und Florian, drei Tage Krankenhausaufenthalt. Denn ohne Medikamente würde er keine Minute ruhig liegen bleiben, geschweige denn den Mund halten. Also geht es gegen Abend für erste Tests ins Krankenhaus.

Zum Glück haben wir ein Dreibettzimmer für uns alleine. Den Eltern steht ein ausklappbares Schrankbett zur Verfügung. Einen Fernseher gibt es für die kleinen Patienten nur außerhalb der Zimmer im Eingangsbereich. Nachdem die Krankenschwester bei meinem Helden Blut abgenommen hat, bleiben wir eine kleine Weile beim Fernseher. Gegen 19 Uhr ziehen wir uns dann ins Zimmer zurück und spielen noch eine Runde Karten. Anschließend hört Florian mit seinem Walkman Musik und ich vertiefe mich in ein Buch. Nach einiger Zeit legen wir uns schlafen und versuchen die Nacht herumzukriegen, was uns auch ganz gut gelingt, trotz der lauten Geräusche im Flur.

Nachdem wir aufgewacht und angezogen sind, wird ein circa acht Jahre alter Junge zu uns ins Zimmer gelegt, seine Eltern begleiten ihn. Kurz darauf bekommt Florian einen Beruhigungssaft und eine Spritze und es geht los. Mal wieder helfe ich das Bett, mitsamt seinem Patienten, durch die unterirdischen Gänge zu schieben. Nach etlichen Ecken und einer Fahrt mit dem Fahrstuhl haben wir das Ziel erreicht. Noch immer wehrt sich mein Sohn gegen die Narkosemittel und versucht ununterbrochen zu sprechen. Was aber in Glucksen, Lallen und sinnlosem Gerede endet, wie beim letzten MRT. Vor dem Untersuchungszimmer spritzen die Ärzte ihm noch etwas Beruhigungsmittel. Nach dieser Spritze erstarrt mein Kämpfer und mit offenen Augen sinkt er ins Bett zurück. Ein komisches Gefühl, sein Kind so bewegungslos zu sehen. Sanft schließe ich seine Augenlider, küsse zärtlich seine Stirn und überlasse ihn den Ärzten.

Die tragen ihn auf die Pritsche und schieben ihn in die Röhre und schon geht das Klopfen und Schlagen des MRT'S los.

Nach 20 Minuten ist es geschafft und es geht von der schmalen Liege zurück in das Bett. Kaum berührt Florians Körper die Matratze ist er auch schon wieder halb wach. Sein Kampfgeist ist erstaunlich, auf dem Rückweg lacht er und versucht immer wieder zu erzählen.

Im Zimmer angekommen muss ich Florian ermahnen liegen zu bleiben, denn er möchte am Liebsten aufstehen und herum laufen. Ich rede mit Engelszungen auf ihn ein noch eine Runde zu schlafen, was er zum Glück dann nochmal macht.

Dem neu angekommenen Jungen geht es schlecht, er bricht sein ganzes Umfeld voll. Na Mahlzeit, wir kommen gesund hierher und gehen am Ende krank nach Hause. So habe ich mir das nicht vorgestellt.

Deshalb suche ich das Gespräch mit der Krankenschwester und frage, ob wir in ein anderes Zimmer können, ansonsten werde ich mit Florian noch heute heimgehen. Nach einigem hin und her dürfen wir tatsächlich in ein anderes Zimmer wechseln. Dafür bin ich den Schwestern sehr dankbar und so verbringen wir eine weitere Nacht in der Klinik.

Ein Krankenhausaufenthalt mit so einem unruhigen Geist wie Florian ist der reinste Horror, da er sich nie längere Zeit am Stück mit etwas beschäftigen kann. Einigermaßen fit wechseln wir vom Spielzimmer zum Fernseher, laufen die Gänge entlang, schauen zum Fenster hinaus und schlagen die Zeit tot. Endlich kommt die Visite und teilt uns mit, dass die Zyste sich kein bisschen verändert hat. Mein Herz macht einen Luftsprung, das ist ja mal eine gute Nachricht.

Glücklich verlassen wir am Nachmittag die Klinik. Papa holt uns mit dem Auto ab und ist auch sehr erleichtert, dass alles in Ordnung ist. Auch die Großeltern, die wir anschließend anrufen sind heilfroh über die guten Neuigkeiten und wir genießen die wiedergewonnene Freiheit.

Geboren um zu leben

Bis jetzt haben wir unser Sorgenkind ganz gut auf den Weg gebracht. Wie schon erwähnt ist es uns wichtig, Aktivitäten für ihn zu finden, denn einfach mal so mit Freunden treffen ist ja nicht möglich, alles muss organisiert werden.

So gehen wir mit der Downgruppe jeden zweiten Samstag zum Tanzen und treffen uns alle zwei Monate privat. An anderen Samstagen findet die Spielgruppe des Ambulanten Dienstes statt. Dienstags absolviert Florian eine Stunde Logopädie, die bei uns im Ort stattfindet und Ergotherapie ist neuerdings zu meiner Erleichterung in seiner Schule. Ab uns zu treffen wir uns immer noch mit dem ein oder anderen Kindergartenfreund, so ist Florians Freizeit gut ausgefüllt.

Mit achteinhalb Jahren kann er endlich ohne Hilfsmittel schwimmen und springt mutig vom Einmeterbrett. Das macht mich glücklich, denn seine Entwicklung geht voran, wenn auch ziemlich langsam. Stets sind wir bemüht, dass er aktiv bleibt, denn Florian hat ja durch das Schulessen, wie schon erwähnt, ganz schön zugelegt. Obwohl die Schule Bescheid weiß, dass sie unbedingt darauf achten sollen, was und wie viel er isst, geht es mit seinem Gewicht ständig bergauf. Essen ist für Florian sehr wichtig und es artet zu Hause oft in Diskussionen aus. Manchmal schimpft er: „Papa und Martin bekommen soviel Essen, ich will auch mehr, dass ist ungerecht." Alle Erklärungen, dass die Großen mehr verbrauchen oder sie sich mehr bewegen, stoßen auf taube Ohren. „Wenn ich groß bin, esse ich drei Portionen!"

Hoffentlich nicht, sonst mutiert er wirklich zu einem super Dicken und das möchten wir auf keinen Fall. Denn er wird es auch so schon schwer genug in seinem Leben haben. Unser Vielesser möchte später Polizist werden, das ist sein größter Wunsch. Dann fährt er mit dem großen Polizeibus zum Kindergarten und holt alle seine Freunde ab und los geht es zur riesigen Party. Ja, seine Kindergartenfreunde bedeuten ihm immer noch sehr viel, er hat sie noch nicht vergessen. Dass seine Freunde dann auch schon groß und woanders sind, daran denkt er nicht. Träume, aber wir lassen ihm seine Illusionen, das Erwachen kommt noch früh genug.

Da ich meinem Schulkind eine Freude machen möchte, rufe bei der nächstgelegenen Polizeistation an, ob wir diese mal besuchen dürfen. Ich erzähle von seiner Behinderung und seinem großen Traum Polizist zu werden. Der freundliche Polizeibeamte lädt uns, zu meiner Überraschung, tatsächlich ein. So besuchen wir heute mit Papa die große Polizeistation und Florians Freude ist riesengroß als wir das Gebäude betreten. Der Beamte empfängt uns und er nimmt sich extra viel Zeit uns herumzuführen. Wir dürfen die Schaltzentrale anschauen und bekommen erklärt, wie die eingehenden Notrufe gesteuert werden. Dann darf Florian eine Schutzweste anziehen und die Polizeimütze aufsetzen. Beim Anblick der echten Pistole, den Handschellen und des Schlagstocks ist er ganz still und hat mächtig Respekt vor dem netten Polizeibeamten. Auch als wir die Ausnüchterungszelle begutachten höre ich kein Wort von unserem Sohn. So eine Funkstille ist selten.

Florian lässt sich sogar mit Papa ein paar Sekunden lang in der Zelle einschließen, für mich wäre das der blanke Horror. Deswegen betrachte ich mir das Zimmer, mit den Gitterstäben, lieber nur von außen. Leider ist heute der Polizeihund im Einsatz, sonst hätten wir ihn auch zu Gesicht bekommen. Zum Abschluss nimmt uns der nette Beamte noch mit nach draußen und Florian darf, stolz wie Oskar, im Polizeiauto Platz nehmen. Mit Blaulicht und Tatü Tata geht ein gelungener Samstagvormittag zu Ende. Unser Sohn strahlt über das ganze Gesicht und auf jeden Fall will er nun, wenn er erwachsen ist, Polizist werden. Wir lassen ihm seinen Traum auch wenn er wohl nie in Erfüllung gehen wird.

Die Ärztin in der Kur fragte mich mal, ob ich nach der Diagnose nie verzweifelt war, meine Wut nicht mal in die Welt hinausgeschrien hätte? Nein, habe ich nicht. Sicher haderte ich mit Gott, warum gerade Florian? Schaffen wir es, den schweren Weg mit unserem Sohn zu gehen? Doch verzweifelt, nein verzweifelt bin ich nie. Ich bin eher der Kämpfer Typ, immer nach vorne schauen, alles in Erfahrung bringen und immer probieren was geht. Positiv denken und hoffen, dass Gott einem nie mehr Last aufbürdet, als man tragen kann. Wir werden alles tun, um unserem Jüngsten ein schönes ausgefülltes Leben zu ermöglichen.
Langsam steht Weihnachten vor der Tür und wenn ich an die Erfahrungen mit dem Kindergarten denke, bin ich immer noch sehr wütend wie alles gelaufen ist. Harald sagt: „Schließe endlich mit diesem Thema ab, es macht nur dein Herz schwer." Ja, recht hat er, denn der Stachel der Enttäuschung sitzt immer noch in mir und ich muss ihn irgendwie loswerden.

Heute im Supermarkt treffe ich zufällig die nette Erzieherin aus Florians Kindergartengruppe. An der Kasse fragt sie, warum Florian nicht mal zu Besuch kommt. Habe ich da richtig gehört? Ich blicke sie ungläubig an. „Kann es sein, dass Sie es nicht wissen? Er würde sie ja so gerne besuchen, aber die Leiterin hat es uns verboten." Ich spüre, wie mir bei diesen Worten die Wut und die Verzweiflung über soviel Unverständnis wieder hoch kommen. Ich habe keine Kontrolle mehr und Tränen steigen mir in die Augen. Ein Weinkrampf überflutet mich ohne dass ich etwas dagegen tun kann und das mitten an der Kasse. Schnell laufe ich mit meinem Einkauf nach draußen.

Erschrocken folgt mir die Erzieherin und lässt sich die Geschichte erzählen. Das hat sie wirklich nicht gewusst, ehrlich. Ich solle doch noch einmal mit der Chefin reden, vielleicht habe ich da etwas falsch verstanden. „Das glaube ich nicht aber ich werde darüber nachdenken." Wir verabschieden uns und ich mache mich auf den Heimweg. Mein Mann hat Recht, ich muss mit dem Thema abschließen sonst werde ich ewig diese Wut und Verzweiflung in mir tragen.
Darum fasse ich am nächsten Morgen tatsächlich all meinen Mut zusammen und suche noch einmal das persönliche Gespräch mit der Kindergartenleiterin. Im Kindergarten angekommen klopfe ich an ihre Tür, mein ganzer Körper bebt. „Herein, guten Tag Frau Rüsch," sagt die Leiterin erstaunt. „Hätten Sie einen Moment Zeit für mich?" „Aber natürlich Frau Rüsch, kommen Sie, setzen Sie sich." Ich sage ihr, dass ich es total daneben finde, dass Florian nicht mehr her kommen darf. Leider bin ich so aufgeregt und kann meine Tränen wieder nicht zurückhalten, sie schießen

mir wie eine Sturzflut ins Gesicht. Das wollte ich eigentlich vermeiden, wollte stark sein. Doch es ist wie eine Befreiung.

Nachdem ich mich einigermaßen gefasst habe, beginnen wir mit der Unterhaltung. Erst will die Leiterin sich raus reden, sie hätte das so nicht gesagt, dann gibt sie es aber zu: „Wenn wir bei Florian eine Ausnahme machen, würden die anderen Schulkinder auch kommen wollen. „Das geht halt nicht, dafür haben wir keine Kapazitäten, sie müssen das doch verstehen?" Das Florian behindert ist, darauf geht sie gar nicht ein. Dieselbe Leier wie damals beim Telefongespräch, keinen Millimeter rückt sie von ihrem Standpunkt ab. Alles was mich die letzte Zeit belastet hat, werfe ich ihr an den Kopf und kämpfe immer wieder um meine Fassung. Die Leiterin ist betroffen, dass es mich nach so langer Zeit noch so mitnimmt. „Wie soll ich denn gelassen bleiben? Erst erfährt man, dass sein Kind für immer behindert ist und mit einem Schlag werden alle Türen hinter einem geschlossen. Man steht draußen und es gibt kein Weg zurück, wie würden Sie sich da fühlen?"

Es tut ihr leid aber sie kann daran nichts ändern. „Warum eigentlich nicht, sie sind doch hier die Chefin und könnten die Regeln ändern?" Darauf geht die Leiterin gar nicht ein, sie sagt nur: „Florian kann ja mal zu einem Besuch vorbeischauen." „Wie, jetzt nach der langen Zeit, wo alle seine Freunde nun auch in der Schule sind? Danke, dafür ist es jetzt zu spät, der Zug ist abgefahren, es ist vorbei.

Aber für zukünftige Fälle: Für Kinder, die wie Florian behindert sind, fände ich es schön, wenn es eine Änderung der Kindergartenordnung gäbe.

Eine Nische schaffen für besondere Kinder, dann wäre unsere schlimme Erfahrung nicht ganz umsonst gewesen.",,Ja," sagt die Kindergartenleiterin, „ich werde es mir durch den Kopf gehen lassen. Es war mir nicht bewusst, wie viel es für sie und Florian bedeutet nicht mehr kommen zu dürfen."

Nun weiß die Leiterin Bescheid, wie es uns ergangen ist, wie wir darunter gelitten haben.
Auf einmal fühle ich eine Leichtigkeit, so als wäre ein Stein von meinem Herzen gefallen. Alles was mich die letzte Zeit bewegt hat ist gesagt. Als ich aufstehe und mich verabschiede lasse ich in diesem Moment alles Negative hinter mir zurück. Der angestaute Hass und die Enttäuschung, sie sind auf einmal wie weggeblasen, der Stachel im meinem Herzen ist fort. Ich fühle mich so frei wie lange nicht mehr. Das Thema Kindergarten ist endlich vorbei.
2010 geht zu Ende, es war für uns ein schreckliches Jahr. Schwester und Schwager sind für immer fort und es bleibt nur die Hoffnung, dass irgendwann aller Schmerz und alle Tränen weggewischt werden und wir uns wiedersehen. So ein Jahr kann man glatt aus dem Kalender streichen.

Zum Glück bereitet Florian die Schule weiterhin Freude. Auch weil zwei neue Schüler in seine Klasse gekommen sind, mit denen er sich sehr gut versteht und prima in der Pause spielen kann. Es ist eine große Erleichterung, dass er dort nun auch Freunde gefunden hat. So vergehen die Wochen und wir lernen immer mehr diese andere Welt der Behinderten kennen. Wir fragen uns oft wie es sein wird, wenn unser Sorgenkind erwachsen ist. Noch ist das weit entfernt und er ist noch klein und so scheinen seine Antworten, die er den Leuten gibt, lustige Ausrutscher. Da man ihm seine Behinderung nicht ansieht denken die meisten bestimmt: Was ist das für ein witziges vorlautes Kerlchen. Aber wenn Florian mit 15 Jahren immer noch solche naiven Sprüche loslässt, sieht die Sache dann anders aus.

Es wird wohl noch Einiges auf uns zukommen. Eigentlich gehen wir offen mit seiner Behinderung um und erzählen jedem, wenn nötig, was mit ihm los ist. Manchmal kommt es zu skurrilen Situationen, wie im Supermarkt an der Kasse. Da ruft Florian fröhlich: „Da bin ich wieder." Oder: „Das ist aber teuer, du kriegst unser ganzes Geld, das ist unfair." Manchmal fragt er die Kassiererin: „Warum bist du schon wieder hier?" Unser Sohn entwickelt die verrücktesten Gedanken, meistens durch die Fernsehwerbung beeinflusst.

Neuerdings muss er in jedem Laden die „WC-Ente" suchen. Wenn er sie entdeckt hat strahlt er übers ganze Gesicht und greift sich die Flasche aus dem Regal. Dann drückt er sie ganz fest an sich und ruft: „Meine liebe WC-Ente." Ich schüttele dann immer nur den Kopf und bin froh, wenn ihm keiner zusieht. Was sollen bloß die Leute denken über unser verrücktes Huhn? Auch im Schwimmbad begrüßt er die nette Dame am Eingang immer mit: „Da bin ich wieder, wir gehen heute schwimmen." Logisch, denke ich, darum sind wir ja hier. Die ältere Kassiererin nimmt es mit Humor, denn mittlerweile kennt sie uns gut. Anhand des Behindertenausweises, den ich beim Bezahlen vorlege, weiß sie, dass Florian ein bisschen anders ist. Ab und zu sind seine Sprüche aber auch äußerst peinlich und unangenehm. Zum Beispiel wenn Florian jemand nicht gefällt poltert er manchmal volle Kanne los: „Der ist ja hässlich" oder „die ist dick man", „da läuft der Trottel", „der Arsch."

Als unser Sohn mal mit Papa auf dem Friedhof war und sie zusammen Blumen auf Ur-Opas Grab pflanzten, sah Florian eine schwarz gekleidete Frau und fragte: „Papa ist das eine Hexe?" Oh oh, zum Glück hörte die Frau es nicht. Nicht auszudenken, welche Unannehmlichkeiten sich da auftun.

Ich persönlich mache mich in solchen Momenten immer ganz klein und hoffe die Betroffenen kriegen es nicht mit und dann schnell ab durch die Mitte. Im Ernstfall aber muss ich Florian ermahnen sich zu entschuldigen und die Menschen über sein Verhalten aufklären, was bei den meisten, Gott sei dank, verständnisvolle Reaktionen hervorruft.

Natürlich nehme ich meinen Rabauken nach solchen verbalen Ausbrüchen ins Gebet: „So etwas darfst du nicht sagen, wie würdest du dich fühlen wenn jemand zu dir solche Sachen sagt?" Mmmh, das fände Florian blöde und er tut einsichtig und verspricht solche Sachen nicht mehr zu sagen aber nach ein paar Minuten sind die guten Vorsätze meist wieder vergessen. Oft denken wir, unser Sohn hat ein Hirn wie ein Sieb, weil vieles einfach nicht hängen bleiben will. Oh man!

Leider ist schimpfen jetzt mit acht Jahren ganz extrem. Schon morgens beim Aufstehen schimpft Florian wenn es mit seinen Kleidungsstücken nicht klappt. „Blöde Hose, blöder Pulli, doofe Socken." Beim täglichen Klingeln des Schulbusfahrers rastet er fast aus. „Der soll nicht klingeln, der doofe Busfahrer." Ich drohe unserem Krawallmacher mit Fernsehentzug, wenn er nicht damit aufhört. „Ja Mama, tut mir leid."

Doch am nächsten Tag geht es wieder von vorne los und alle Entschuldigungen sind vergessen. Um wenigstens dem morgendlichen Gezeter, wegen der Klingelei, aus dem Weg zu gehen vereinbare ich mit dem Fahrer, dass wir um 8.40 Uhr draußen stehen und er nicht mehr klingeln soll. Es ist die wahre Pracht über was Florian alles schimpfen kann.

Hoffentlich steckt ein Entwicklungsschub dahinter und der Spuk ist bald wieder vorbei, denn die Ermahnungen zerren an unseren Nerven. Auch haben wir Angst, das Florian so wird wie der eine erwachsene, behinderte Mann bei uns im Ort. Der schimpft auch mit allem und jedem. Man darf ihn nicht scharf anschauen sonst fühlt er sich angegriffen und schimpft wie ein Rohrspatz. Florian hat ihn auch schon erlebt. Nun halte ich ihm immer vor Augen, ob er so werden will wie dieser Mann. „Nein", so möchte er nicht werden. Ich bete, dass wir die Sache bei unserem Sohn noch in den Griff bekommen.

Doch trotz allen Problemen gibt es auch schöne Momente mit Florian. Zum Beispiel, wenn er nach einem leckeren Essen sagt: „Mama, du bist die beste Köchin der Welt, es schmeckt fantastisch." Oder beim Getränke einkaufen, wenn er den Einkaufswagen schiebt und er mir hilft die Getränkekästen auf den Wagen zu hieven oder das Leergut in den Automat zu stecken. „Mama ich bin dein Glücksbringer, gelle?" „ Ja mein Schatz, das bist du." Solche Momente lassen sämtliche Schimpfwörter und Missetaten vergessen.

Inklusion, ein guter Weg

Leider werden die Treffen mit seinen ehemaligen Freunden immer seltener. Ein bisschen kann ich es ja verstehen. Selbst ich als betroffene Mutter tue mir immer noch schwer, mit Behinderten umzugehen.

Außerdem gehen seine Freunde in eine andere Schule, da lernen sie neue Kinder kennen, das war auch schon bei Martin und Katharina so. Die alte Zeit geht und Freunde kommen und gehen.

Zufällig läuft mir heute die Mutter von Philipp über den Weg. Sie versteht immer noch nicht, dass Florian auf diese andere Schule gehen muss. „Irgendwann wird es doch noch „Klick" bei ihm machen und er kann auf die normale Schule wechseln?"

„Ja, das wäre möglich aber so wie es jetzt aussieht eher unwahrscheinlich." Sie redet eine Weile auf mich ein, ich solle doch nichts unversucht lassen, Florian sei doch fit. „Ja äußerlich und in der Sprache aber der Rest, ich weiß nicht."

Nach dem Gespräch bin ich total verunsichert, haben wir die richtigen Entscheidungen getroffen? Im Moment ist das Thema Inklusion in aller Munde, dessen Ziel es ist, dass behinderte und nicht behinderte Kinder zusammen in den Kindergarten und in die Schule gehen. Damit sie voneinander lernen, sich motivieren, gegenseitig helfen und vor allem respektieren.

Die Behinderten sollen an integrativen Freizeitangeboten teilnehmen und später vielleicht einen integrativen Arbeitsplatz erhalten. Gemeinsam statt ausgegrenzt, diese Vorstellung ist schön. Damals nach dem Kindergarten hätte ich mir so sehr gewünscht, dass Florian mit seinen Kindergartenfreunden eingeschult worden wäre.

Doch jetzt, wie soll das funktionieren, er ist acht Jahre alt und geht schon zwei Jahre auf die Sonderschule? Kann weder lesen noch richtig rechnen und nur ein paar Buchstaben schreiben, er ist auf Vorschulniveau. Außerdem haben wir schon bei unseren Großen gesehen wie es an der normalen Schule läuft, immer zu wenig Personal und zu wenig Engagement. Damals bei der Frage nach der richtigen Schule für unser Sorgenkind bot unsere Grundschule keine Unterstützung in Sachen Inklusion an. Deswegen war Inklusion für uns keine Alternative aber all das Gerede verunsichert mich, ist Florian auf dieser Schule wirklich richtig?

Es lässt mir keine Ruhe und ich rufe bei einer Kinderpsychologin, von der ich schon viel Gutes gehört habe, an. In vier Wochen haben wir einen Termin.

Wir betreten das Sprechzimmer und nehmen mal wieder Platz. Die Psychologin ist sehr nett und einfühlsam. Zuerst unterhält sie sich mit Florian, danach sind meine Sorgen dran. Währenddessen darf sich mein Sohn in der Spielecke beschäftigen.

Ich erläutere der Ärztin meine Ängste, ob er an der Schule für Geistig Behinderte wirklich richtig ist und dass ich mein Kind gerne noch einmal testen lassen würde. Vielleicht hat sich sein Intelligenzquotient ja verbessert. Er macht ja stetig Fortschritte, wenn auch nur sehr kleine. Eventuell besteht doch die Möglichkeit, ihn als Integrationsschüler auf eine normale Schule zu schicken. Die Ärztin versteht meine Gefühle und Ängste und bietet mir an, meinen Sohn noch mal ausführlich zu testen. Darüber bin sehr froh. Dieser Test soll dann an vier Tagen stattfinden, einmal mit Zeitvorgabe und einmal ohne. Damit man genau sagen kann, wie viel Florian in seinem eigenen Tempo leisten kann. Das finde ich prima und bedanke mich von ganzem Herzen für ihr Entgegenkommen.

Zuhause berichte ich Papa von den Neuigkeiten und wir lassen ein bisschen Hoffnung aufkommen. Vielleicht behält Opa ja Recht und unser Nachzügler überrascht uns noch alle und die Ärzte haben sich geirrt.

In den nächsten zwei Wochen bin ich mit Florian viermal zwei Stunden bei der Psychologin. Mit Fahrzeit dauert es immer drei Stunden aber das ist es mir wert. Da er die Aufgaben alleine absolviert vertreibe ich mir die Wartezeit mit lesen oder ich gehe in die kleine Einkaufsmeile etwas bummeln. Das Testen bereitet ihm Spaß und er ist wie so oft sehr motiviert und macht gut mit.

Zwei Wochen später ist es dann soweit, dieses Mal fahren mein Mann und ich zum Abschlussgespräch. Die freundliche Ärztin nimmt sich Zeit für uns und erklärt ausführlich die Ergebnisse. Der Sprachteil ist am Besten ausgefallen, da erreicht Florian mit knapp 80 Prozent fast die Normalität. Ein durchschnittlicher Intelligenzquotient liegt zwischen 80 und 100 Prozent. Leider bestätigt sich unser Spruch: Unser Sohn hat ein Hirn wie ein Sieb, denn im Arbeitsgedächtnisteil, wie auch bei den anderen Tests schneidet er sehr schlecht ab. Deswegen kann er sich auch nur sehr schwer etwas merken und nur mit vielen Wiederholungen etwas abspeichern. Was auch seine Lehrerin schon oft gesagt hat und dass er immer seine feste Routine braucht, sonst ist er total verunsichert. Im schlimmsten Fall weint er dann und weißt nicht was zu tun ist.

Wie in der Schule, als ihn seine Klassenlehrerin mal in eine andere Klasse schickt um dort ein Blech zum Kuchen backen zu holen. Leider hatten dort gerade alle die Hände voll, weil sie mit Essensvorbereitungen beschäftigt waren. Die zuständige Lehrerin sagte zu Florian: „Jetzt kann ich dir das Blech nicht vom Schrank herunter holen, ich bringe es gleich selbst hinüber in deine Klasse." Daraufhin weinte unser Sohn wie ein Schlosshund, weil er die Aufgabe nicht erledigen konnte. Auch wenn sich Abläufe im Wochenplan der Schule ändern, so das Ergotherapie ausfällt oder Sport verschoben wird, damit kommt Florian immer kaum klar und schimpft oder ist weinerlich, soviel zur Routine. Leider hat unser Schatz auch bei den Tests ohne Zeitvorgabe ziemlich schlecht abgeschnitten.

Insgesamt liegt sein Intelligenzquotient nach wie vor nur um die 67. „Es tut mir Leid, dass ich keine besseren Nachrichten für Sie habe aber Florian ist an dieser Schule total richtig. Alles andere würde ihn überfordern. Er könnte niemals mit den Normalen mithalten auch wenn er das gerne möchte."

Die Ärztin erzählt uns noch. „Ich kenne ein Mädchen mit fast dem gleichen Intelligenzquotienten. Auch ihr sieht man auf den ersten Blick nichts an und wie bei Florian ist sie in der Sprache am Besten. Viele denken auch bei ihr, sie ist doch fit.

Aber schon bei Kleinigkeiten, wie richtig die Spülmaschine einräumen oder ausräumen, ist sie überfordert. Mittlerweile arbeitet die junge Frau in der Behindertenwerkstatt und es gefällt ihr dort sehr gut. Sie werden sehen, Florian ist ein so fröhlicher aufgeschlossener Junge, auch er wird seinen Platz in dieser Welt finden." „Ja das hoffen wir und nochmal vielen Dank für Ihre Mühe."

Schade, nun ist es noch einmal bestätigt. Auf den ersten Blick wie alle anderen, weil er sich so gut ausdrücken kann aber hinter der Fassade herrscht heilloses Durcheinander.

Mit der Gewissheit, dass Florian an der Schule für Geistig Behinderte total richtig ist verlassen wir die Praxis. Mein Mann und ich sind etwas traurig und auf dem Weg durchs Treppenhaus halten wir inne und umarmen uns mal wieder ganz fest. Tief in unseren Herzen ahnten wir, dass die kleinen Fortschritte nur Tropfen auf den heißen Stein sind. Für einen Moment wollten wir die Wahrheit überlisten, doch nun verabschieden wir uns endgültig von dem Thema Inklusion.

Vielleicht hätte es geklappt, wenn wir uns nach dem Kindergarten darum bemüht hätten einen Inklusionsplatz an unserer Schule ins Leben zu rufen. Doch damals wussten wir zu wenig von Inklusion und dessen Möglichkeiten. Wäre es für unseren Sohn besser gewesen als die Praktisch Bildbare Schule, hätte er mehr gelernt als jetzt? Vielleicht hätte es ihn aber auch frustriert und überfordert, weil er nicht mit den anderen hätte mithalten können, sowie die Pädagogen es voraussagten. Oder die Kinder hätten ihn gehänselt und er wäre immer Außenseiter geblieben.

Wir wissen es nicht und werden es auch nie erfahren, was gewesen wäre wenn. Ich weiß nur, dass Positive daran wäre gewesen, dass Florian erst einmal sehr viel Freude gehabt hätte, wenn er mit seinen Kindergartenfreunden in die Schule gekommen wäre, in der bekannten Gemeinschaft zu lernen und dabei zu sein. Das soziale Netz hätte ihn vielleicht irgendwie aufgefangen. Doch unsere Grundschule war nicht darauf eingestellt, sie hatten keinen Sonderschullehrer oder einen besonderen Lehrplan für behinderte Kinder. Wir hätten uns um Integrationshelfer, die Kosten und die Organisation selbst kümmern müssen und hatten von all den Sachen keine Ahnung. Also war es einfacher auf die Meinungen der Fachkräfte zu hören, obwohl unser Herz etwas anderes riet. Auch weil wir nach den vielen Tiefschlägen weder die Kraft noch das Wissen hatten uns anders zu entscheiden, als für die Schule für geistig Behinderte.

Ich persönlich finde Inklusion super, wenn die Voraussetzungen geschaffen sind. Dazu gehören genug Lehrer, ein ausgefeiltes Lernkonzept sowie einen guten individuellen Förderplan. Super wichtig ist es auch, für jedes behinderte Kind gründlich abzuwägen, was besser ist: Förderschule oder Integration.

Denn jede Behinderung ist anders, jeder hat einen anderen Hilfebedarf. Manche Kinder sind in einer guten Förderschule bestimmt besser aufgehoben, da die Betreuung und Beschäftigungen ganz anderen Maßstäben folgen. Florians jetzige Schule ist da auch gut organisiert und die Lehrer sind zum Glück bemüht den Kindern etwas beizubringen. Denn wie überall steht und fällt es mit den Lehrern und dem Engagement. Von unserer Downgruppe kenne ich Mütter, die ganz unglücklich sind, weil ihren Kindern nicht viel Schulisches beigebracht wird. Nur auf die einfachsten Schreib- und Rechenarten wird Wert gelegt. Dort sind die Lehrer der Meinung, die Kinder können nicht mehr leisten und machen sich nicht einmal die Mühe es zu versuchen. Es würde reichen, dass diese Kinder im alltäglichen Leben zurechtkommen, was natürlich für viele Eltern sehr unbefriedigend ist.

Deshalb investieren einige Eltern aus unserer Gruppe Zeit und Geld um ihre Kinder außerschulisch unterrichten zu lassen. Ich habe erfahren, dass es keinen einheitlichen Lehrplan für behinderte Schüler gibt. Das müsste sich unbedingt ändern, denn viele Kinder könnten sehr wohl mehr lernen aber es bleibt an den Schulen oft unversucht. Wäre Inklusion dann die bessere Wahl?

Es ist sehr schwierig darauf eine Antwort zu finden, denn der Inklusionsgedanke steckt noch in den Kinderschuhen und es bedeutet viel Engagement und Pioniergeist diesen neuen Weg zu gehen. Ich erlebe es bei einem Mädchen mit Downsyndrom aus unserer Gruppe. Das Mädchen ist ziemlich fit und selbstständig und die Eltern haben als Vorreiter einen Inklusionsplatz an einer normalen Grundschule bekommen. Die Schule bietet das neue Konzept an und hat sich gut darauf vorbereitet, mit Förderschullehrer und besonderem Lehrplan. Trotzdem sind diese Eltern Kämpfer in diesem neuen System, denn leider werden den Eltern immer wieder Steine in den Weg gelegt. Zum Beispiel hat die Tochter einen Integrationshelfer, der sie im Unterricht begleitet. Doch ist dieser krank, darf das Mädchen nicht in die Schule gehen, Vertretungen sind schwer zu bekommen oder gar nicht. Da wird dann keine Ausnahme gemacht, obwohl das Mädchen auch mal ohne I-Helfer klar käme.

Die Hoffnungen sind groß, dass es gut läuft aber die Realität wird zeigen, ob Inklusion am Ende der richtige Weg ist. Eine betroffene Mama aus Italien meinte vor einiger Zeit zu mir: Inklusion sei doch nur wieder eine Sparmaßnahme, wie in Italien, dort gäbe es nämlich keine Sonderschulen. Da laufen die Behinderten schon immer an den normalen Schule mit oder bleiben zuhause. Das findet sie überhaupt nicht gut, denn die Betroffenen bekommen in Italien kaum Förderung oder richtige Betreuung.

Hier in Deutschland an den Schulen für geistig Behinderte, werde den Kinder doch viel mehr geboten. In solchen Einrichtungen haben es die Kids viel besser, als wie nur am Rande mitgezogen zu werden.

Wäre ein Inklusionsplatz der geeignetere Weg für Florian gewesen?

Sicher hätte er sich mehr abgeschaut, er wäre ein Teil des Ganzen geworden, nicht ausgegrenzt, wie jetzt. Die Kinder hätten bei diesem gemeinsamen Weg voneinander gelernt und sei es nur, das Anders sein zu akzeptieren. Es ist wirklich ein schwieriges Thema und es gibt leider keine Pauschallösung.

Ich rate allen Betroffenen sich intensiv mit dem Thema Inklusion auseinander zu setzen, abzuwägen was das Beste für ihr Kind ist. Heute bemühen wir uns um jede Gelegenheit Florian am örtlichen Geschehen teilhaben zu lassen, damit die Kinder und Erwachsenen ihn nicht ganz vergessen. Sicher, jeder hat seine Meinungen und Erfahrungen und so muss alles gut durchdacht werden, denn jedes Kind hat andere Bedürfnisse. Ich persönlich denke, wenn die Kinder einigermaßen fit sind ist Inklusion eine gute Sache und es lohnt sich zu kämpfen, für eine bessere Welt.

Doch für uns kommt das Ganze zu spät, es gibt keinen Weg zurück in unsere alte Welt. Florian muss diesen außergewöhnlichen Weg gehen und wir müssen mit. Ein ganz besonderes Leben von Null auf Hundert behindert, doch trotzdem glücklich.

Ja, glücklich ist unser Florian, beschützt und geborgen in unserer tollen Familie. Martin lässt ihn fast jeden Abend zu sich ins Bett kriechen, seine Art zu zeigen, dass er seinen kleinen Bruder liebt. Katharina bringt ihm oft Bücher oder DVD´S von der Bücherei mit und ab und zu geht sie mit Florian ins Kino. Immer wenn ihre Zeit es zulässt machen sie etwas zusammen oder sie passt mal auf ihn auf, wenn wir, was selten vorkommt, mal ausgehen möchten. Wir versuchen unseren Nachzügler zu einem respektvollen, selbstbewussten, starken Menschen zu erziehen, deswegen behandeln wir ihn auch so normal wie möglich. Niemals über behütet, denn das würde ihm nicht wirklich helfen, er muss sich ja im späteren Leben zurechtfinden können.

Das Leben mit Florian ist immer anders: Mal anstrengend, mal nervig, mal lustig, fröhlich, offen und voller Emotionen und trotz allem gibt er uns soviel zurück. Besonders wenn er sagt: „Ihr seid die besten Eltern." Er spricht immer aus, was er denkt und fühlt ohne Hintergedanken, ohne Berechnung. Bei schöner Musik passiert es schon mal, dass ihm Tränen in den Augen stehen. Wie auch im Kino bei traurigen Stellen: „Mama weinst du auch, das ist traurig oder?" Oh ja, manchmal ist er so ergreifend direkt und zeigt uns uns soviel, was wir sonst im Alltag nicht sehen. Unser Wunschkind bereichert unser Leben auf so vielfältige Weise. Er lässt uns die wahren Werte und die wichtigen Dinge des Lebens erkennen. Es ist so schön, dass es ihn gibt.

Einmal im Jahr sollen wir zur EEG Kontrolle, was wir heute tun. Florian kennt das Prozedere ja schon und macht auch wieder ganz gut mit. Dieses Mal bekommen wir das Ergebnis gleich von einem netten Kinderneurologen gesagt: „Die Werte sind unverändert und die Anfallsbereitschaft besteht leider weiterhin." Wieder einen Termin geschafft und das Leben geht weiter.

Heute hat es geschneit, unser Abenteurer ist mal wieder ganz begeistert von der weißen Pracht und will am liebsten gleich Schlitten fahren. Leider muss er erst in die Schule.Vielleicht klappt es heute Mittag, wenn der Schnee dann noch liegt. Ich winke Florian noch nach, dann fange ich an den Gehweg frei zu schaufeln. Danach bereite ich das Mittagessen vor und hole den Schlitten vom Schuppenboden herunter. Wir wohnen wirklich günstig, denn das Feld ist nur ein paar Gehminuten entfernt.

Viel zu schnell ist es wieder 15.15 Uhr und der rote Schulbus fährt vor. Florian ist glücklich, denn der Schnee ist noch nicht weggetaut und nachdem er eine Kleinigkeit gegessen und getrunken hat machen wir uns auf den Weg. Gleich im Hof nimmt Florian schon auf dem Schlitten Platz, was natürlich nicht geht, dafür ist er viel zu schwer und der Schlitten lässt sich kaum bewegen. Erst draußen auf der Straße, wo der Schnee von den Autos schön platt gefahren ist, darf sich mein Entdecker wieder auf den Schlitten setzen. „Du hast es gut, wer zieht mich?"

Wir laufen rund 15 Minuten auf den verschneiten Feldwegen entlang und kommen zu einer Mulde mitten im Feld, von der man auf einer Seite den kleinen Hügel hinunter sausen kann. Ein paar andere

Kinder fahren schon vergnügt den schön verschneiten Berg hinab. Da Florian sich nicht alleine traut, sind wir immer als Team unterwegs. Zu den Kindern findet er leider keinen Kontakt, früher als er kleiner war, war es mit Anschluss finden einfacher. Trotzdem macht es uns großen Spaß, denn die Sonne scheint auf die herrlich weiß leuchtende Landschaft.

Nach einer Stunde sind wir groggy und machen uns auf den Heimweg. Es war ein schöner Nachmittag.

Im Dezember sind wir zum ersten Mal auf der Weihnachtsfeier des Vereins, der die Nachmittagsschulbetreuung macht. Der Saal ist wunderschön geschmückt und ein Mann spielt auf seiner Gitarre Weihnachtslieder. Papa, Florian und ich nehmen an einem der hübsch dekorierten Tische Platz. Auf jedem steht neben der Dekoration ein Teller Plätzchen und eine brennende Kerze was sehr feierlich und gemütlich ist. Nach der Begrüßungsrede gibt es Kaffee und Kuchen und danach finden ein paar kleine Aufführungen und weihnachtliche Vorträge statt. Leider kennen wir kaum jemanden und zum ersten Mal sehen wir hautnah behinderte Erwachsene. Es macht mich traurig zu erkennen, dass auch viele dieser Erwachsenen im Geiste wie Kinder geblieben sind. Ob Florian auch mal so sein wird, wenn er erwachsen ist? Ein kaum vorstellbarer Gedanke, denn wir hoffen immer noch, dass er geistig weiter voran kommt.

Wir unterhalten uns ein bisschen und lauschen den Beiträgen und etwas später folgt der Höhepunkt. Ein Engel und dessen Helfer kommen mit einer Schubkarre, die mit einer roten Samtdecke ausgekleidet ist, herein. Darin liegen ganz viele Schokoladenweihnachtsmänner, die die junge Frau im weißen Engelskostüm mit weichen Flügeln aus Federn, an alle Anwesenden verteilt.

Kurz darauf werden die Kinder nach und nach namentlich aufgerufen und bekommen ihr Geschenk. Jedes Kind durfte schon Wochen vorher einen Wunschzettel abgeben oder die Eltern haben es für ihr Kind getan, wenn diese es wegen ihrer Behinderung nicht selbst sagen oder aufschreiben konnten.

Es berührt mich, wie schön hier alles organisiert ist. Florian hat sich eine Playmobil Polizeistation gewünscht und strahlt übers ganze Gesicht als sie hinter dem Geschenkpapier zum Vorschein kommt. Die anderen Kinder bekommen eine Maltafel oder ein Schaukelpferd und viele andere schön Dinge. Für die erwachsenen Behinderten gibt es Gutscheine. All die schönen Geschenke und Gutscheine werden, jedes Jahr, von Mitarbeitern einer Anwaltskanzlei gesponsert. Zum Abschluss gibt es noch belegte Brötchen und nach vier Stunden geht diese wunderschöne Weihnachtsfeier zu Ende. Es ist einfach toll all die glücklichen Menschen zu sehen, da wird die Behinderung zur Nebensache. So viele Menschen lassen den Behinderten ihre Hilfe und Freundlichkeit zukommen, das wärmt mein Herz, denn man fühlt sich so angenommen.

An dieser Stelle möchte ich dem großartigen Verein ein dickes Lob aussprechen. „Danke, dass ihr euch für unsere Behinderten so großartig einsetzt, eure tollen Aktionen hinterlassen so viele schönen Gefühle in mir."

Dieses Jahr geht dem Ende entgegen und wir feiern Heiligabend bei uns zu Hause im Kreise der Familie,

136

Oma und Opa sowie Tante und Cousine sind gekommen. Nach dem Essen dekorieren wir, wie immer heimlich, die ganze Couch mit Geschenken, während die Kinder oben eine Runde spielen bis sie dann von uns gerufen werden. Die ganze Gesellschaft versammelt sich feierlich vor der Wohnzimmertür, die dann mit großer Spannung geöffnet wird. Der echte Weihnachtsbaum leuchtet mit richtigen Kerzen und alle stehen andächtig vor der Geschenkeflut.

Das Fenster ist geöffnet, weil Florian immer noch glaubt, dass der Weihnachtsmann gerade da war und die Geschenke gebracht hat. Noch lassen wir ihm diese Illusion. Doch er ist immer sehr enttäuscht, weil er den Weihnachtsmann einfach nicht zu Gesicht bekommt. Ja, leider verpasst er ihn immer, warum nur?

Nach ein paar Weihnachtsliedern und der Geschenkeschlacht gehen wir meistens gemeinsam in die Christmette. Das ist immer besonders schön und eigentlich das Beste an Weihnachten. Florian ist so voller Power und er hält fast immer bis zur späten Stunde durch, obwohl es ein aufregender langer Tag ist.

Seit ein paar Tagen ist es knackig kalt und es hat gefroren. Heute ist ein herrlicher sonniger Wintertag und als Florian aus der Schule kommt laufen wir, wie so oft, ins Feld hinaus. Wir haben unsere Schlittschuhe dabei, denn zu dieser Jahreszeit ist der kleine Bach oft übergelaufen und hat das angrenzende Feld, zu unserer Freude, in eine große Eisfläche verwandelt. Völlig ungefährlich und kostenlos. Früher waren solche Eisflächen immer die Attraktion und total überfüllt, doch heute trifft man selten andere Kinder.

Die sitzen wohl alle vor dem Fernseher oder dem Computer und wissen gar nicht welchen Spaß sie verpassen. Ich schlüpfe aus meinen warmen Stiefeln in meine weißen nostalgischen Schlittschuhe, die mich schon seit meiner Teenagerzeit begleiten. Danach helfe ich Florian beim Schlittschuhe anziehen und los geht es. Schon seit er fünf Jahre alt ist, gehen wir jeden Winter hier üben, doch mehr als wie ein Storch übers Eis staksen ist nicht drin. Aber wenn man es nicht weiter ausprobiert, kann man nicht wissen, ob es irgendwann vielleicht doch einmal klappt.

An diesem wunderschönen Januartag sause ich über die glitzernde Eisfläche. Meine Blicke schweifen über die steif gefrorenen Grashalme, die unter dem gefrorenen Wasser, in ihrem Eispanzer, im Kälteschlaf liegen. „Mama, schau mal!" höre ich meinen Sohn rufen. Als ich mich zu ihm umdrehe, kann ich es kaum fassen. Heute hat es endlich klick gemacht: Florian gleitet Stück für Stück in seinen schwarzen Schlittschuhen übers Eis, immer sicherer, immer schneller. Er ist gar nicht mehr zu bremsen.

Nun kann Florian Schlittschuh laufen, schwimmen und sein kleines Fahrrad fahren. Ich bin unendlich stolz und unsagbar glücklich, wieder hat er sich ein kleines Stück Freiheit erobert. „Das müssen wir nachher gleich Papa erzählen!" sprudelt es aus ihm heraus. „Ja, mein Schatz, dass machen wir." Was für ein wunderbarer Tag.

So geht ein besonders hartes emotionales Jahr für uns zu Ende. Seit dem Tod meiner Schwester begleitet und das Lied: Geboren um zu Leben mit den Wundern dieser Zeit. Es passt so gut zu uns, denn wir leben das Wunder und sind sehr dankbar, dass es Florian trotz allem so gut geht.

Ein Funken Hoffnung

Es ist Januar 2012 und Florian fährt mal wieder mit zu den Ferienspielen. Weil er so fit ist, darf er eine Woche lang bei den integrativen Ferienspielen mitmachen. Diese finden ein paar Orte weiter in einem Jugendzentrum statt, ungefähr zehn Behinderte sind bei den 60 Ferienkindern dabei. Dieses Mal steht die Ferienfreizeit unter dem Motto: Kunst und Theater. Von 9.00 Uhr bis 16.00 Uhr ist unser Sohn unterwegs und auch Paul, sein bester Freund ist wieder mit von der Partie.

Mittlerweile hat Florian unter den Behinderten einige Freunde gefunden. Da ist einmal die Lisa, sie hat auch einen seltenen Gendefekt und Leo, ein Junge mit Downsyndrom. Leo ist noch etwas schlechter dran als der fitte Paul, denn er hinkt geistig noch mehr hinterher und kann schlecht sprechen. Außerdem hat er wenig Haare, manchmal gar keine, weil sie ihm ausfallen. Ihm sieht man seine Behinderung auf den ersten Blick an. Ohne böse Absicht schubst und haut er gerne die anderen, nur um zu sehen wie sie dann reagieren.
Einmal beim zweimonatlichen Downtreffen, hat Leo Florian die Steintreppe runter geschubst. Zum Glück hast sich mein Sohn irgendwie abgefangen und fiel nur drei Stufen tief. Außer einem gehörigen Schrecken und ein paar Tränen war, Gott sei dank, nichts Schlimmeres passiert. Bei einem anderen Treffen hat Leo aus dem ersten Stock Spielzeug auf ein Garagendach geworfen, sehr zum Unmut des eintreffenden Vaters. Wer weiß, was in diesen

Momenten in Leos Kopf vorgeht? Neulich hat er, aus Versehen, beim Aussteigen aus dem Auto, seinen Freund schwer verletzt. Er achtete nicht darauf, dass auch sein Kumpel zu dieser Türseite ausstieg und hieb mit voller Wucht die Autotür zu. Leider befanden sich in diesem Augenblick die Finger des Freundes im Türrahmen. Es blutete wie verrückt und die Mütter samt Kinder fuhren sofort ins Krankenhaus. Dort stellte man fest, dass der kleine Finger fast abgetrennt war. Nach einer Notoperation und einer Woche Krankenhausaufenthalt durfte der arme Junge wieder nach Hause. Zum Glück sind die Verletzungen ganz geheilt und der Finger ist gerettet.

Nun sind die besagten vier Freunde heute unterwegs zu den Ferienspielen. Es macht allen großen Spaß, denn ein Künstler hat Farben und Leinwände besorgt und alle sind fleißig am Gestalten moderner Kunstwerke. Nach dem Mittagessen ist Zeit für freies Spielen oder man kann der Theatergruppe zuschauen. Außerdem findet zur Halbzeit ein Ausflug in ein Kunstmuseum statt, was Florian wider Erwarten sehr interessant findet. Schnell vergeht die Woche und beim nach Hause bringen fragt uns der Busfahrer: „Kommen Sie auch am Samstag zur großen Präsentation? Dann darf man sich die Räumlichkeiten anschauen und es werden im Jugendzentrum alle gebastelten und gemalten Werke ausgestellt und das eingeübte Theaterstück wird aufgeführt. Es wäre sehr gut, wenn sie kommen könnten, denn Jack, der Leiter der Kunst AG möchte sie unbedingt sprechen. Er ist so begeistert von Florians Malkünsten." „Klar werden wir kommen und uns anschauen was Florian die Woche so gemacht hat."

Heute am Samstagmorgen, holt der Bus die Kinder zum letzten Ferienspieltag ab. Am Nachmittag machen mein Mann und ich uns auf den dreißig minütigen Weg ins Jugendzentrum. Dort angekommen finden wir Florian auf dem Sofa liegend vor. „Was ist los?" Der Betreuer sagt: „ Es geht ihm nicht gut, er hat Kopfweh aber ich wollte sie nicht vorher anrufen, weil wir ja wussten, dass sie am Mittag vorbeikommen. Und Florian meinte es sei nicht so schlimm. Auch jetzt hält er es noch einen Moment aus, so dass wir die Möglichkeit haben den Künstler Jack kennenzulernen. Der Mann hat eine dunkle Haut und schwarze Augen und eine lustige Rastalockenfrisur.

Jack ist ein selbstständiger Künstler aus Tobago und er sprüht nur so vor lauter Begeisterung über Florians Kunstwerke. Voller Enthusiasmus zeigt er uns die gemalten Bilder. Das eine zeigt einen Farbklecks aus grünen und blauen Farben mit durchschimmernden gelben Lichtreflexen. Es hat schon was Interessantes an sich, dass muss ich zugeben. Laut Florian soll es ein Polizeiauto in der Nacht darstellen, passend zum Thema Träume und Visionen. Jack reißt uns mit seiner Euphorie förmlich mit. „Florian hat so einen tollen Malstil, wie Monet." WOW, wie Monet, das ist verrückt, denke ich.

Er möchte Florian gerne fördern und ihm Kunstunterricht geben, so ein Talent müsse man unbedingt unterstützen, am Besten mit Privatstunden. Ich bin hin und weg, Florian hat ein Talent? Nach all den Tiefschlägen der letzten Jahre endlich ein Lichtblick. Ich schwebe förmlich auf Wolke Sieben, mitgerissen von der Begeisterung, die Jack an den Tag legt. Wir spüren so richtig die karibische Lebensfreude, alles scheint so einfach, locker und leicht. Doch ich muss erst einmal die Lage klar stellen und frage Jack, ob er weiß dass Florian geistig behindert ist. „Nein," angeblich wusste er es nicht aber das wäre auch ganz egal. Er würde Florian so gerne unterstützen, denn er sei so talentiert, dass dürfe man auf keinen Fall verkümmern lassen.

Wir sollen es uns überlegen und uns den Termin für die Kunstpreisverleihung auf jeden Fall vormerken. Denn Jack will Florian für den diesjährigen Kunstwettbewerbspreis vorschlagen. Von den Ereignissen überwältigt meldet sich dann doch noch meine Vernunft: Wo ist der Haken? Jack möchte Florian einmal die Woche, eineinhalb Stunden Malunterricht geben. „Was soll das denn kosten?" „Gar nichts", sagt Jack. „Sie werden versuchen einen Sponsor für Florian zu finden." „Wer um alles in der Welt sollte unseren Sohn sponsern?" Jack erzählt, dass er sich für Kinder und Jugendlichen einsetzt und er habe mehrere Projekte am Laufen, sowie einen Lernhilfeschüler, dem er schon Unterricht gibt. Dieser wird von seinem Schulförderverein unterstützt. Mit diesem talentierten Jungen macht er bald eine Ausstellung und dazu sind wir hiermit herzlich eingeladen. So können wir uns schon mal ein Bild machen wie es mit Florian weitergehen könnte. Bis dahin sollen wir uns umhören in Sachen Sponsor und falls wir keinen finden, kümmere sich Jack selbst darum, ihm falle dann schon etwas ein.

Papa und ich sind begeistert, keine Kosten, das alles hört sich so fantastisch an. Nach all den Eindrücken verabschieden wir uns und bedanken uns bei Jack, dass er uns soviel Hoffnung schenkt.

Den angeschlagenen Florian auf der Couch hätten wir beinahe vergessen. Tausend Gedanken fliegen uns durch den Kopf. Soviel Freude und Euphorie, dieser Moment ist erfüllt mit einem unbeschreiblichen Glücksgefühl. So unbeschwert waren wir schon lange nicht mehr. Florian, ein behinderter Mensch, der sonst immer am Rande der Gesellschaft steht, er der nicht so ist wie die anderen, nicht so gut denken und lernen kann, er hat ein Talent!

Gibt es doch etwas, worin er besser ist als die anderen. Ist das Florians Bestimmung? Ist er ein Hoffnungsträger, ein Vorbild für andere Behinderte? Kann er wirklich super Bilder malen und damit ein Zeichen setzen? Das Leben geht verrückte Wege.

Wir fühlen uns auf der Heimfahrt trunken vor Glück. Florian kann etwas besonderes, ja er kann es richtig gut. Zuhause will unser krankes Huhn gleich ins Bett, was sehr außergewöhnlich ist, denn sonst geht er nie freiwillig in sein Schlaflager. Er jammert und hat schlimme Kopfschmerzen. Wieder mal klingeln bei uns die Alarmglocken, wir machen uns Sorgen. Hoffentlich ist nichts mit der Zyste, diese Angst schwebt immer über uns, wenn Florian über Kopfweh klagt. Aber hoffen wir mal, dass es ist nur ein Infekt ist oder eine Überlastung von den letzten Tagen, zu viel Eindrücke, zu viel Input. Ich gebe meinem Patienten etwas gegen die Schmerzen und er schläft ein. Immer wieder schaue ich nach ihm, doch er schläft durch bis zum frühen Morgen. Am nächsten Tag ist er zum Glück wieder ganz der Alte, er hat sich wohl gesund geschlafen.

Der Gedanke, dass unser Sohn ein Künstler ist lässt mich nicht mehr los. Ich recherchiere im Internet wer Jack überhaupt ist und für was er sich einsetzt. Es liest sich ganz gut und seriös, was ich da über ihn finde. Er möchte der Jugend die Kunst näher bringen, arbeitet in einem Kunstverein, organisiert Ausstellungen und gibt Kunstunterricht.

Heute ist nun die Ausstellung des anderen Schülers aus der Lernhilfeschuhe und voller Neugier fahre ich ins dreißig Minuten entfernte Ort, dorthin wo auch die Ferienspiele abgehalten wurden. Die Veranstaltung findet im dortigen Rathaus statt, im Foyer sind viele tolle Bilder ausgestellt. Eine Menge Leute stehen schon dort und verfolgen die Eröffnungsrede des Bürgermeisters, die Schulklasse des jungen Künstlers ist auch darunter. Nach der Rede wird noch ein kleiner Film von Jack und seinem Schüler gezeigt, wo man beiden, in Jacks Atelier, bei der Arbeit zuschauen kann. Danach ist die Ausstellung offiziell eröffnet. An den Stehtischen gibt es Getränke und Gebäck. Jack entdeckt mich und kommt freudestrahlend zu mir herüber. Nach einer lockeren Begrüßung stellt er mich verschiedenen Leuten vor. „Das ist die Mutter von meinem neu entdeckten Talent Florian."
Unter anderem unterhalte ich mich mit einer älteren Frau, die auch Beisitzerin in Jacks Kunstverein ist. Sie gibt mir ein paar Tipps und Adressen, wo ich nach Sponsoren fragen kann.
Eine neue Welt tut sich auf. Bei der Ausstellung sind auch zwei Bilder von Jack dabei und ich muss sagen, dieser Mann malt in meinen Augen fantastisch. Wahnsinnig tolle Bilder von der Meeresbrandung, wo einzelne Tropfen der Gischt zu erkennen sind. Oder das andere Bild zeigt Meeresschildkröten, die sich an den Strand voran schaffen. Ganz genau sind die Maserungen der Panzer zu erkennen. Ich denke, Jack hat wirklich Ahnung von Kunst und er kann

einschätzen wer Talent hat und wer nicht. Nach diesem Erlebnis setzte ich meine ganze Kraft in die Suche nach Sponsoren.

Leider kann unsere Schule Florian nicht unterstützen, darum schreibe ich Emails an verschiedene Organisationen, deren Adressen ich von der Frau bekommen habe. Durch die tolle Musik von Unheilig stolpere ich über den Verein Herzenswünsche, den der Musiker unterstützt. Dieser setzt sich für kranke Kinder und Jugendliche ein, erfüllt ihnen ihre Herzenswünsche. Ich probiere es einfach und schreibe auch diesen tollen Verein an und erzähle ihnen unsere Geschichte: Von Florians spät erkannter Behinderung und das er jetzt die Chance hätte ein Künstler zu werden. Der Künstler Jack möchte Florian mit Kunstunterrichtsstunden fördern, denn er ist der Meinung unser Sohn habe großes Talent, wie der Maler Monet. Ein Hoffnungsschimmer erhellt unsere Welt und ob sie ihm vielleicht den Wunsch erfüllen und ihn ein bisschen sponsern könnten, für Material und Unterrichtskosten.

Nach ein paar Tagen erhalte ich Antwort und bin erstaunt. Der Verein Herzenswünsche ist bereit unserem Kind für ein Jahr den Unterricht zu bezahlen. Eine andere Organisation meldet sich etwas später und spendet uns die Kosten für das Material.

Ich bin so gerührt, fremde Menschen engagieren sich für uns, soviel Hilfsbereitschaft hätte ich nicht erwartet. Nach all der Ablehnung werden neue Türen aufgestoßen. Ich bin so unsagbar dankbar und glücklich. Auch mein Mann kann es kaum fassen, dass es so tolle Menschen gibt, das Leben ist einfach fantastisch. „Danke, danke, es tut so gut zu wissen, dass es Euch gibt." Wir sind nicht allein.

An einem Samstag fahren mein Mann, Florian und ich zur Kunstpreisverleihung, die in einem kleinen gemütlichen Café stattfindet. An den Wänden hängen jede Menge Bilder von den Kindern der Ferienspielaktion, auch die beiden von Florian sind mit dabei. Schöne Ideen und Visionen haben die Kids auf die Leinwände gebracht. Bei Kaffee und Kuchen eröffnet Jack die kleine Preisverleihung bei der ungefähr dreißig Personen anwesend sind. Die Eltern und Kinder sind sehr gespannt, wer die ersten drei Plätze belegt. Insgesamt werden zehn Preise in Form von Malstunden, Gutscheine von einem Kreativladen oder Leinwände und Farben vergeben.

Dann ist es soweit und Florian ist an der Reihe. Er erhält einen Sonderpreis für seinen besonderen Malstil, in Form eines Acrylfarbkastens mit Pinsel und Leinwand und zwei gratis Malstunden bei Jack. Wir sind überglücklich.

Außerdem freuen wir uns Jack mitteilen zu können, dass wir Sponsoren für unseren Künstler gefunden haben. Er ist erstaunt, dass es so schnell geklappt hat und so vereinbaren wir gleich die ersten Kunstunterrichtstunden. Nach langer Zeit sind wir mal wieder so richtig fröhlich und gelöst.

Nun haben wir noch einen Programmpunkt auf unserer Liste, einmal die Woche fahren Florian und ich mit dem Auto zu Jack. Diese ersten zwei gewonnenen Stunden finden in den Vereinsräumen mit anderen Schülern statt. Als wir dort ankommen streichen gerade ein paar Jugendliche die Innenwände. Wir müssen aufpassen, dass unsere Kleidung nichts abbekommt. Jack und die am Tisch sitzenden Schüler begrüßen uns freundlich. Florian soll erst einmal Platz nehmen und sich ein Motiv ausdenken. Ich frage nach Kitteln, die es leider nicht gibt auch die Leinwand, die gerade etwas knapp ist, muss erst gesucht werden. Stifte, Pinsel und Farben sind wild in Eimern einsortiert. Alles wirkt auf mich ein bisschen unorganisiert und chaotisch. Na ja, die Kunst ist halt eine andere Welt. Eigentlich hat Florian nicht wirklich Lust zum Malen und ich halte die Luft an, dass er die Farben nicht alle auf seinem Pulli verewigt.

Was er malen soll weiß er auch nicht so recht. Jack läuft zwischen den Schülern hin und her und verteilt Ratschläge. Nach einer guten Stunde hat Florian die ganze Leinwand mit einem Hintergrund und einem undeutlichen undefinierbaren Feuerwehrauto versehen Jetzt hat er aber wirklich keine Ideen und Lust mehr und wir dürfen nach Hause gehen. Den Ablauf habe ich mir irgendwie anders vorgestellt und hoffe, dass es nächstes Mal besser wird. Denn Jack möchte die zukünftigen Stunden, als Einzelunterricht, in seinem privaten Atelier geben. damit er Florian optimal fördern kann. Da bin ich aber gespannt wie es dort aussieht.

Die Tage vergehen und heute fahren wir wieder zu Jack, dieses Mal ins Atelier. Wir betreten ein älteres Wohnhaus und der Künstler führt uns bis unters Dach. Das ist also sein Atelier. Ich schaue mich um und es macht auf mich genauso einen chaotischen Eindruck wie die Vereinsräume.

Drei kleine voll gestellte Zimmer, kaum eine Sitzmöglichkeit, überall stehen Bilder, Leinwände und Basteleien herum. Ein kleines verschmutztes Waschbecken und im eigentlichen Malzimmer liegt ein Teppich voll mit Farbspritzern. Die Toilette befindet sich in diesem Altbau, wie früher, in einem kleinen Raum im Treppenhaus. Auch hier ist das Schloss und die Toilettenbrille kaputt. Für unsere Verhältnisse geht das gar nicht, gerade bei Publikumsverkehr. Aber hier schlägt wohl der karibische Lebensstandart durch, die nehmen es wohl nicht so genau. Jack muss erst einmal eine Staffelei und eine Leinwand bei räumen, nichts ist vorbereitet. Ich fühle mich hier unwohl, schweige aber und harre der Dinge die da noch kommen. Künstler sind ja oft etwas daneben und leben ausgefallen.

Jack meint: „Vielleicht können sie Florian eine eigene Staffelei besorgen und er braucht große Leinwände, mindestens ein Meter mal ein Meter, damit seine Bilder mit den Acrylfarben richtig wirken." Solche großen Leinwände und bessere Farben und dazu noch sechs Kunststunden im Monat gehen ganz schön ins Geld. Nun wird mir klar, dass die Sponsoren ein echter Glücksfall für uns sind. Bei dieser ersten Privatstunde bleibe ich dabei, damit ich mir ein Bild von allem machen kann. Der Künstler ist sehr nett und motiviert Florian, etwas Schönes auf die Leinwand zu bringen. Nachdem Florian sich die Farbtöne ausgesucht hat beginnt er zuerst mit dem Hintergrund. Wieder soll es ein Auto werden, vielleicht noch einmal ein Feuerwehrauto aber weiter als wie zum Hintergrund kommt er heute nicht, dann ist die Stunde schon zu Ende. Beim nächsten Mal soll ich nicht dabei sein, damit Florian nicht abgelenkt wird und er sich besser konzentrieren kann.

So bringe ich Florian nun jeden Dienstag zu Jack zum Malen. Während die beiden Künstler am Werkeln sind, vertreibe ich mir die eineinhalb Stunden mit

Lesen im Auto oder ich gehe in die Ortsmitte ein bisschen bummeln, denn nach Hause fahren lohnt sich nicht. Von Mal zu Mal merke ich, wie Florian unzufriedener wird und ich kann mir vorstellen worauf das hinaus laufen wird.

Leider haben wir bei der ganzen Euphorie nicht bedacht, ob unser Sohn wirklich Spaß an der Malerei hat. Denn Schreiben und Malen war noch nie wirklich sein Ding. Florians Unlust auf die Kunststunden nimmt immer mehr zu und eigentlich möchte er gar nicht mehr zu Jack gehen. Jeder Dienstag wird zum Machtkampf, darum frage ich meinen Sohn nach einiger Zeit, ob er weiter bei Jack malen möchte.

Unschlüssig und unsicher sagt er: „Ich weiß nicht, es ist cool, ich bin ein Künstler, ich will viel Geld verdienen aber ich finde die Stunden so langweilig." Ich nehme seine Worte zur Kenntnis aber wir fahren erst einmal weiter zu Jack und ich hoffe es gibt sich.

Manchmal bleibe ich oben im Atelier mit dabei, weil Florian nicht mit dem Künstler alleine sein will. Ich ahne, dass mein Sohn mit der Situation überfordert ist. Heute fragt Jack: „Was möchtest du dieses Mal für ein neues Bild malen?" Florian weiß es nicht und quengelt: „Können wir gehen, ich habe heute keine Lust." Er ist mit der Themenfindung überfordert. Ich kläre Jack auf, dass Florian sich ganz schlecht neue Ideen ausdenken kann und logisch denken oder kreativ sein ist ihm fremd. Er braucht klare Vorgaben und seine feste Routine, denn seine Behinderung schränkt ihn stark ein auch wenn man es ihm nicht ansieht oder im ersten Moment nicht anmerkt. Da ist es wieder, Florian unser Überraschungspäckchen, die Menschen überschätzen ihn. Jack hat sich die Arbeit mit ihm

149

bestimmt einfacher vorgestellt. Heute kann er meinen Sohn noch einmal motivieren, wir werden sehen wie es weiter geht.

Vier Monate sind seit der ersten Begegnung mit Jack vergangen. Fürs Erste hatten wir Eltern Farben, Pinsel und Leinwände im Baumarkt besorgt, doch nächste Woche will der Künstler mit uns zum Großeinkauf fahren und für Florian professionelles Material besorgen. Ich soll den Fahrdienst übernehmen, denn ein Auto hat Jack leider nicht. Ich fühle mich immer mehr hin - und hergerissen und spüre, Malen ist nicht Florians Welt und es wird Zeit eine Entscheidung zu treffen. Denn wenn wir jetzt den zweiten Schritt wagen und viel Geld für Malutensilien ausgeben, müssen wir die Sache auch weiter durchziehen. Soll ich meinen Sohn dazu überreden dabei zu bleiben? Durch gutes Zureden würde Florian alles tun was von ihm verlangt wird aber in erster Linie soll es ihm ja Freude machen und nicht in Zwang ausarten. Oder sollen wir lieber damit aufhören und unserem Sohn die Chance auf eine künstlerische Zukunft nehmen?

Eine schlaflose Nacht liegt hinter mir und ich frage Florian noch einmal, ob er weiter zu Jack gehen möchte? „Nein, das ist blöd, ich mag nicht mehr da hin." Weil ich immer noch nicht weiß, wie ich mich entscheiden soll, suche ich weiteren Rat bei seiner Klassenlehrerin und bei einem Atelierbesitzer. Meine Fragen sind immer die Gleichen: „Hat Florian überhaupt Talent, lohnt es sich weiter zu machen?" Die Antworten sind leider von beiden Seiten ernüchternd. Die Lehrerin meint: „In meinen Augen malt Florian wie alle anderen Behinderten auch, ich kann nichts Besonderes an seinen Bildern entdecken. Außerdem hat er noch nie gerne gemalt, das sollten sie auf jeden Fall bedenken." Sie würde die Aktion abbrechen, wenn er keine Freude daran hat.

Auch der Atelierbesitzer, bei dem ich seine bisherigen Bilder vorzeige, kann nichts Außergewöhnliches finden. Wobei die Kunst ein breites Feld ist und jeder seine eigenen Ansichten vertritt. Aber ein Talent wie Monet kann er beim besten Willen nicht erkennen. Enttäuschung macht sich breit, zu gerne hätte ich etwas anderes gehört. Die Aussagen bestätigen mein Gefühl und mein Mann und ich entscheiden uns die Unterrichtstunden abzubrechen.

Es fällt mir nicht leicht Jack mitzuteilen, dass Florian nicht mehr weiter machen möchte und er nicht mehr zu ihm kommen wird. Der Künstler findet es zwar total schade aber überraschenderweise versteht er es. „Vielleicht hat Florian später nochmal Lust zum Malen,wenn er etwas älter ist, dann darf er sich gerne wieder bei mir melden," verabschiedet sich Jack. „Ja vielleicht, wer weiß das schon, vielen Dank für alles, machen Sie es gut und ich wünsche ihnen mit ihren eigenen Bildern viel Erfolg."

Schweren Herzens schreibe ich den Vereinen, dass die Kunst meinem Sohn leider keinen Spaß macht und wir die ganze Sache beenden. Wir bedanken uns nochmal von ganzem Herzen für die große Hilfsbereitschaft. Der Verein Herzenswünsche teilt uns mit: „Wir finden es sehr gut, dass sie auf Florian hören und Rücksicht auf seine Bedürfnisse nehmen. Er ist schließlich der wichtigste Teil bei der Geschichte und falls er noch einmal einen Wunsch hat, darf er sich gerne wieder an uns wenden."

Tränen steigen mir in die Augen, ich bin so gerührt über das Verständnis und das tolle Angebot. Auch der zweite Verein zeigt Verständnis und schreibt: „Sie dürfen sich jederzeit gerne wieder an uns wenden und wir wünschen ihnen und ihrer Familie alles Gute."

Papa und ich sind traurig aber auch irgendwie erleichtert. Jetzt haben wir die gerade geöffnete Tür wieder zugestoßen, weil es so für Florian hoffentlich am Besten ist. Er wird nun kein Hoffnungsträger für andere Behinderte, kein erfolgreicher Künstler.

Hoffentlich war es wirklich die richtige Entscheidung. Vielleicht sucht sich Jack auch bewusst behinderte Kinder aus, da sich für sie meist Sponsoren finden und er so seinen Lebensunterhalt damit bestreitet. Jack hat es bestimmt gut gemeint und es wäre so schön gewesen, wenn Florian ein Künstler geworden wäre. Doch was nicht ist, ist nicht, wir müssen uns mal wieder von einer Hoffnung verabschieden.

Doch allein die Glücksmomente, die Euphorie und die Begeisterung mit der Jack uns so mitgerissen hat, waren eine riesengroße Freude, ein Sonnenstrahl in unserem Leben. Dieser Augenblick im Jugendzentrum war es auf jeden Fall wert, den tollen Künstler kennengelernt zu haben.

Eine wunderbare Welt und wir mittendrin

Heute machen wir mit Papa einen Ausflug ins Vivarium. Das ist ein kleiner Zoo mit allerlei Tieren. Dort begegnen wir riesigen Galapagos Schildkröten, die durch Glasscheiben zu betrachten sind. Nur ganz langsam bewegen sie ihre stämmigen Füße, fast wie in Zeitlupe. Sie kauen genüsslich an Salat und Karotten herum, sieben an der Zahl, eine größer als die andere. Die mächtigen Exemplare sind teilweise über 150 Jahre alt und an die 200 Kilo schwer. Wir staunen und sind begeistert von den alten Riesen. Allerlei weiteres Getier und viele Vögel, kleinere Reptilien sowie Rehe, Hirsche und Eulen streifen unseren Weg.
Wir genießen den schönen Ausflug und bekommen noch kleinere Bären und Affen zu sehen. Danach betreten wir ein Schmetterlingshaus, dort fliegen tolle bunte Schmetterlinge frei im Raum herum. Herrlich blaue und gelbe Riesenfalter flattern an uns vorbei, ein außergewöhnliches, wunderschönes Erlebnis. Florian fragt, was da auf dem grün leuchtenden Schild steht und ich erkläre, dass dies der Notausgang ist. „Mama, ist der Notausgang für die Schmetterlinge?"

Wir lachen, „Ja mein Schatz, der Fluchtweg ist für die fliegenden Schönheiten." Mit tollen Eindrücken verlassen wir den kleinen Tierpark und machen uns auf in Richtung Heimat.

Als Florian neun Jahre alt ist wird ihm auf einmal bewusst, das er anders ist. Vor diesem Moment hatte ich immer Angst. Was soll ich ihm sagen? „Mama, bin ich behindert?" fragt er mich eines Mittags ohne

Vorwarnung. Wahrscheinlich hat es ihm jemand in der Schule gesagt. „ Ja Florian, du bist leider behindert." „Das ist aber blöd, ich will nicht mehr behindert sein." Ich versuche es ihm zu erklären aber er blockt ab, will nichts näheres hören, also reden wir erst einmal nicht mehr darüber.

Doch seit dieser Zeit ist die Behinderung immer mal wieder Thema. Florian merkt, irgendetwas stimmt nicht, warum kann er Dinge nicht so gut wie die Gleichaltrigen? In einem passenden Moment spreche ich noch einmal mit ihm über das Thema: „Es ist überhaupt nichts Schlimmes, du hinkst halt mit allem hinterher, verstehst Dinge nicht so gut. Deswegen bist du aber nicht besser oder schlechter als andere. Nur eben anders." „Das hat Gott aber blöde gemacht." „ Ja mein Schatz, da hast du wohl recht."

In seiner Klasse ist er momentan der Fitteste und nimmt dort gerne die Chefrolle ein. Er will befehlen und bestimmen, was er auch des Öfteren zu Hause versucht. Mir und auch den Lehrern gefällt das natürlich nicht und ist auf Dauer inakzeptabel. Immer öfters weisen sie ihn in der Schule zurecht und den Druck lässt er dann in verbalen Ausbrüchen daheim ab. So haben wir im Moment unseren Kampf unseren Sonnenschein in Zaum zu halten.

Einmal, nachdem ich Florian nach einem Wutausbruch zurechtgewiesen habe, fragt er mich: „Mama, warum bist du so frech zu mir? Warum hast du mich nicht mehr so lieb, wie du mich als Baby lieb gehabt hast?" „Hallo, da warst du auch viel pflegeleichter und hast nicht geschimpft wie ein Rohrspatz."

Wir vereinbaren uns beide zu bessern, eine schwierige Zeit. Trotz allem haben wir unseren Nachzügler noch genauso lieb wie früher, nur das Leben ist komplizierter geworden. Auch nachts kämpfen wir immer noch mit der Windel und in mancher Woche muss ich zweimal sein ganzes Bett abziehen und ihn täglich duschen. Eine Belastung, die sich hoffentlich bald in Luft auflöst.

Ab und zu probieren wir es ohne Windel, denn selbst Florian findet es mittlerweile mit seinen zehn Jahren voll peinlich so etwas zu tragen. Das kann ich voll verstehen, doch leider ist sein geistiges Alter erst wie fünf und er wird nachts einfach nicht wach. Manchmal liegt unser Sohn klatschnass in seinem Bett und schläft seelenruhig weiter.

Einmal werfe ich die nasse Windel aus dem Fenster im ersten Stock, um mir den Weg durchs Treppenhaus zu ersparen. Das hätte ich lieber nicht tun sollen, denn die Windel landet auf dem gepflasterten Hof und zerplatzt wie eine Seifenblase in tausend kleine Pipi gefüllten Gelkügelchen. Was für eine Schweinerei! Der kurze Weg der Entsorgung artet zu einer größeren Putzaktion aus, ich bin mal wieder bedient.

Als Florian abends in Martins Zimmer Fernsehen schaut, passiert das nächste Dilemma. Irgendwann kommt unser Jüngster unter Gejammer zu uns herunter ins Wohnzimmer gelaufen. Beim Fernsehen hat er sich so nebenbei Kaugummi in die Haare geschmiert. Was für ein Akt diesen rauszubekommen. Auskämmen geht nicht, Haare waschen würde auch nichts bringen, also das Gröbste raus schneiden. Dabei meckert und zappelt Florian wie Rumpelstilzchen, ich bin nahe dran die Geduld zu verlieren. „Jetzt halte endlich still, sonst rasiere ich dir gleich eine Glatze." Das wirkt und ich kann fortfahren. Leider sieht unser

Sohn danach aus wie ein gerupftes Huhn. So kann er auch nicht bleiben und so hole ich letztendlich die Haarschneidemaschine heraus und verpasse ihm einen Kurzhaarschnitt. „Man oh man, mach so etwas nie wieder!"

Doch innerhalb eines Monats muss ich ihm noch dreimal die Haare schneiden. Immer wieder schaffst er es, sich heimlich Kaugummi in die Haare zu kneten. Ich möchte wissen, was ihm dabei durch den Kopf geht! Ich kann es absolut nicht verstehen, denn das Entfernen ziept und ist eine unangenehme Prozedur. Aber Florian scheint das Erlebte und die Ermahnungen immer wieder zu vergessen, er hat halt ein Hirn wie ein Sieb. Doch ab heute habe ich die Lösung: Kaugummi ist in Zukunft gestrichen.

Unseren Sommerurlaub 2012 verbringen wir das erste Mal nur zu dritt. Unsere zwei Großen machen mit ihren Freunden Urlaub und so ist nur Florian mit von der Partie. Dieses Mal haben wir uns ein schönes Hotel in Bulgarien mit Kinderanimation ausgesucht, eine nette kleine, gut überschaubare Anlage direkt am Meer. Wir dürfen ein geräumiges Zimmer im zweiten Stock, mit Blick ins Hinterland beziehen. Die Essensauswahl ist riesig und lecker und man kann wählen, ob man mittags angekleidet im Haupthaus essen möchte. Oder man nimmt relaxt im Bikini, am Strandrestaurant neben dem Pool das Buffet in Anspruch, was wir eher bevorzugen. Das große Schwimmbad mit mehreren Becken liegt gleich neben dem Kinderclub und der Strand ist auch nur ein paar Schritte entfernt.

Heute morgen besuchen wir die Kinderanimation und stellen unseren Sprössling vor. Den Betreuern erzählen wir natürlich von seiner Behinderung und dass er aber trotzdem gut mitspielen kann, nur eher bei den Jüngeren. Das Team ist sehr aufgeschlossen und nett, es sei gar kein Problem, jeder darf mitmachen. Von 10.00 Uhr bis 12.00 Uhr und von 15.00 bis 17.00 Uhr hat der Kinderclub geöffnet. Wir machen noch klar, dass unser Sohn nicht alleine weggehen darf und wir ihn am Ende immer abholen. Zu unserer Freude gefällt es Florian bei der Animation sehr gut und schon am zweiten Tag hat er einen Freund gefunden.

Ein netter deutscher Junge, der zwei Jahre jünger ist, sie verstehen sich prima. Da sich das Strandrestaurant direkt neben dem Schwimmbad befindet, riskieren wir es heute, ohne unsere Wasserratte mit dem Essen anzufangen. Denn nach dem Kinderclub will Florian noch mit seinem Freund eine Runde planschen. Im Kinderbecken steht mitten im Wasser ein großer Kletterturm mit einer Holzbrücke und kleiner Tunnelröhre, mit Rutschbahn und Wasserdüsen. Eine tolle Attraktion, die den Kindern riesigen Spaß bereitet. Wir haben Florian ja fast immer im Blick, darum erlauben wir ihm im Wasser zu bleiben. Ich zeige ihm noch wo wir sitzen und er verspricht, nur im Kinderbecken zu bleiben und Bescheid zu sagen, wenn er woanders hingehen möchte.

So genießen wir heute alle unseren zweiten Urlaubstag. Ich sehe unseren Schwimmer immer mal zwischen dem Klettergerüst herum turnen, alles scheint prima. Wir sind schon beim Nachtisch angelangt, als ich ihn auf einmal nicht mehr sehen kann, Florian ist weg. Ich stehe auf und suche das ganze Schwimmbad ab aber ich kann ihn nirgends entdecken.

Eigentlich kann ja nichts passieren, er kann schwimmen und zwei Bademeister stehen ständig parat. Aber trotzdem wird mir mulmig zumute und auch mein Mann wird ganz unruhig.

So beginnen wir erneut mit der Suche: Harald läuft zum geschlossenen Kinderclub und zum Spielplatz und in die Hotelhalle, ich suche den Strand und das Meer ab. Nichts, kein Florian zu sehen, wir werden immer nervöser. Da haben wir unseren Sohn nur ein paar Sekunden aus den Augen gelassen und schon ist er weg, das kann doch gar nicht sein. So eine Katastrophe.

Jetzt erst einmal tief durchatmen und nochmal alles abschauen, irgendwo muss er doch sein. Mein Herz klopft wie wild, ich möchte mir gar nicht vorstellen was alles passieren kann.

Doch da, ich sehe ihn, er schlendert seelenruhig mit seinem Freund aus der Innentür des Hotels heraus. Puh, dass war knapp! Freude und Zorn überfluten mich gleichzeitig, soll ich erst mit ihm schimpfen oder ihn in die Arme nehmen? Ich entscheide mich für das Schimpfen: „Florian, wo um Himmelswillen warst du? Habe ich dir nicht gesagt, du sollst Bescheid geben, wenn du woanders hingehst?" „Es tut mir leid, dass habe ich vergessen, wir haben doch nur den Ball aus dem Hotelzimmer geholt."

„Ihr wart nur im Hotelzimmer, nicht auszudenken wenn ihr länger oben geblieben wärt. Wir hätten womöglich die Polizei gerufen und ihr würdet gemütlich im Hotelzimmer sitzen und spielen. Bei 500 Zimmern finden wir dich nie mehr, wir haben uns solche Sorgen gemacht, das darfst du nie mehr machen." „Es tut mir leid Mama." Ich halte meinem Abenteurer eine weitere Standpauke, dass er auf gar keinen Fall mit jemanden mitgehen darf. Er verspricht uns hoch und heilig, dass nächste Mal Bescheid zu sagen. Hoffentlich macht er das und vergisst sein Versprechen nicht wieder. Ab jetzt behalten unseren Sohn noch schärfer im Auge.

Die erste Woche vergeht wie im Flug. Fast jeden Tag ist Florian zwei oder vier Stunden im Kinderclub, wo gespielt, gemalt und gebastelt wird. Manchmal gehen die Kinder auch zum Sandburgen bauen oder es finden Wettkämpfe oder Wasserspiele statt. Dank der tollen Kinderanimation, die jeden Tag einen anderen Programmpunkt hat, wird der Urlaub so richtig erholsam. Das hatten wir schon lange nicht mehr, soviel Zeit für uns. Endlich können wir mal so richtig faul am Strand liegen oder ein Buch lesen, ohne das ständig jemand etwas von einem will. Es ist ein sehr schöner Sommerurlaub für uns alle.

Abends findet die Kinderdisco und die Abendshow im klimatisierten Theaterraum statt. Viele gemütliche Tische und eine kostenlose Bar runden die Abende ab. Immer Mittwochs üben die Kinder für ein Theaterstück, welches sie den Eltern dann am Abend vorführen. Heute ist das Motto: König der Löwen. Wir haben uns schon einen schönen Platz gesichert, damit wir Florian gut sehen können. Die meisten Kinder sind als herrlich bunte Tiere verkleidet und tanzen als Gruppe oder einzeln, teilweise mit bunten Bändern. Florian stellt mit zwei anderen Kindern tanzende Bäume dar. Er ist in ein braunes Tuch gewickelt, mit einem Kranz aus Blättern um den Kopf, so dass er wie eine Palme aussieht. Wackelnd bewegt er sich zur Musik, eine kleine Rolle, die er gut bewältigen kann. Trotzdem war er den ganzen Tag sehr aufgeregt, alles richtig zu machen. Es ist so schön zu sehen, wie die Betreuerinnen ihn miteinbeziehen. Wir sind sehr stolz auf unseren kleinen Großen und nach der Show ist auch Florian sehr glücklich.

„Mama habt ihr mich gesehen?" „Na klar mein Schatz, du hast prima mitgemacht, einfach super."

Da der Strand und der Kinderclub so eng beieinander liegen erlauben wir ihm in der zweiten Woche auch früher aus dem Kinderclub zu uns zu kommen. Falls es ihm dort mal nicht so gefällt, was aber selten vorkommt. Mittlerweile weißt er ja wo wir am Strand unseren Platz haben und bis jetzt hat alles prima geklappt. Kurz vor 17.00 Uhr machen wir uns auf den Weg unseren Sohn vom Theater abzuholen, denn heute ist wieder Probetag für die Abendshow der Kinder. Papa geht die Stufen in den ersten Stock zum Theaterraum hoch und kommt ohne ihn zurück. „Wo ist Florian, üben sie heute länger?", frage ich.

Harald sagt: „Die Betreuerin meinte Florian hat heute nur gestört, er wollte beim Theaterstück nicht mitmachen und da haben sie ihn schon vor einer Stunde zu uns geschickt. „Oh mein Gott, Florian ist schon eine Stunde alleine unterwegs! Warum kam er nicht zu uns, zu unserer Liege am Strand?"

Panik steigt in mir hoch, wenn er nun am Strand umherirrt oder vielleicht das Hotel verlassen hat! Hoffentlich hat ihn niemand mitgenommen, dann sehen wir ihn nie wieder.

Wie schrecklich, ein Albtraum, was sind wir nur für Rabeneltern! Haben unserem behinderten Kind zu viel Freiraum gelassen und unsere Aufsichtspflicht verletzt? Wird der schöne Urlaub nun der schlimmste unseres Lebens werden? Meine Gedanken überschlagen sich. Was sollen wir tun? Also erst einmal beruhigen und nachdenken, wo kann er sein?

Zuerst suchen wir wieder den ganzen Pool ab, dann den Strand. Wir entdecken die Eltern seines neuen Freundes und fragen, ob sie Florian gesehen haben. „Leider nein." Ich bin kurz darauf in Tränen auszubrechen. „Wir müssen die Polizei verständigen oder als erstes das Hotelpersonal zur Hilfe holen."
Harald sagt: „Wäre es vielleicht möglich, dass er sich den Weg zu unserem Zimmer gemerkt hat und er weinend vor der Hoteltür sitzt?" Das wäre ein Wunder, fast unmöglich, denn das Zimmer liegt im zweiten Stock im hinteren Teil, durch mehrere Gänge und Ecken. Sehr unwahrscheinlich, bei seinem Gedächtnis. Doch es ist unsere letzte Hoffnung, bevor wir hier alle in Aufruhr versetzen. Wir wollen der letzten Möglichkeit nachgehen und laufen in den zweiten Stock, biegen um die Ecke.
Doch im Gang ist niemand, der Platz vor unserer Zimmertür ist leer. Es wäre ja auch zu schön gewesen. Ich zittere wie Espenlaub, unser Kind ist schon seit einer Stunde verschwunden. Wir entscheiden uns, uns noch umzuziehen bevor wir weitermachen. Raus aus den Badesachen und etwas Richtiges anziehen. Danach wollen wir zur Rezeption gehen und Hilfe holen.
Als Papa den Schlüssel ins Schloss steckt hören wir den Fernseher laufen. Das kann doch gar nicht sein.Wir öffnen die Zimmertür und können unser Glück kaum fassen. Da sitzt er, verweint und schaut Fernsehen, unser Florian. Danke, danke lieber Gott, wir lassen unseren Schatz nie mehr aus den Augen, versprochen. Wir fallen uns in die Arme und drücken

und küssen unseren Vermissten. „Wo bist du nur gewesen, warum kamst du nicht zu uns an den Strand und wie kommst du in unser Zimmer, du hast doch gar keinen Schlüssel?" Tausend Fragen auf einmal.

Jetzt weint Florian ein bisschen, denn auch er ist heilfroh uns zu sehen. Nachdem sie ihn weggeschickt haben ist er schon an den Strand gekommen aber er konnte uns unter den vielen Menschen nicht finden. Das verstehe ich nicht, wir liegen doch immer an der gleichen Stelle und haben extra die gelbe Luftmatratze mit, als Erkennungszeichen. Oh nein, da fällt mir ein, wir haben dummerweise um die Mittagszeit unseren Platz gewechselt. Als zwei Liegen weiter vorne frei wurden sind wir aufgerutscht, um einen schöneren Blick aufs Meer zu haben.
Da ist sie wieder, seine Routine, sein festes Schema. Wenn sich etwas ändert hat Florian Schwierigkeiten damit klar zu kommen. Daran hatten wir in dem Moment nicht gedacht, es ist einfach verrückt.
Weil er uns nicht gefunden hat, versuchte er sich daran zu erinnern, wie man zu unserem Zimmer kommt, denn er glaubte wir seien schon aufs Zimmer gegangen. Weil wir ja schon etliche Male hin und hergelaufen sind, hat er sich tatsächlich an den Weg und die Zimmernummer erinnert. Toll, was für eine Leistung für jemanden wie ihn. „Aber wie bist du in das Zimmer hineingelangt?"
Der Zufall war ihm zum Glück hold, denn gerade war das Zimmermädchen am Werkeln und sie ließ ihn ausnahmsweise in unser Zimmer.

Was für eine Aufregung, Gott sei dank, der Urlaub ist gerettet. Von nun an holen wir unseren Schatz doch

lieber wieder selbst vom Kinderclub ab und gehen auf
Nummer sicher. So genießen wir die letzten Tage.

Florian liebt es mit dem Glasaufzug bis in den 6.
Stock zu fahren, der abends von innen und außen mit
schönen Lichterketten beleuchtet ist.
Genauso beliebt sind die reichlichen, schön
zurechtgemachten Buffets und wir müssen unsere
Termite immer bremsen. Denn Essen ist ja, wie
bekannt, seine Lieblingsbeschäftigung.
Vor dem Hotel warten Pferdekutschen und Taxis auf
Aufträge und da heute so ein schöner Abend
entschließen wir uns, mit der offenen Kutsche in das
kleine Ort zu fahren.
Fünfzehn Minuten holpert das Gefährt über die
Landstraße, als gerade die Sonne langsam unter geht
und die Hitze erträglich wird. Die Kutsche hält in der
turbulenten Innenstadt. Hier fühlt man sich in die Zeit
zurück versetzt, alles ist noch nicht so durch
strukturiert und fortschrittlich. Viele Wege sind
unbefestigt und die meisten Häuser sehen unfertig
oder renovierungsbedürftig aus. Bulgarien wartet
noch immer auf den Aufschwung. Doch die Menschen
strahlen trotz allem Freundlichkeit und Offenheit aus.
So lassen wir uns von dem bunten Treiben mitziehen.
An einem offenen Grill werden Hähnchen feil
geboten. Zwei Zirkusleute laufen mit einem Leguan
und einer großen gelben Schlange durch die Menge
und animieren die Menschen ein Foto mit den Tieren
machen zu lassen. Florian möchte so ein Tier aber auf
keinen Fall auf den Arm nehmen, ich lieber auch
nicht. Später sehen wir noch schöne bunte Papageien
und eine indianische Folkloregruppe macht auf dem
Marktplatz Musik. Über einige Straßenzüge sind

kleine Marktstände und Läden verteilt, dort werden viele Textilien und Mitbringsel, sowie frischgepresster Saft oder Obst angeboten.

Jeder versucht sich mit irgendetwas über Wasser zu halten. Nach unserem Bummel und ein paar Einkäufen setzen wir uns auf eine Bank am Marktplatz und lauschen der schönen Musik. Danach heißt es sich wieder auf den Weg machen, denn unser Bus, den wir dieses Mal nehmen, kommt gleich. Dunkel ist es geworden und die hell erleuchteten Hotels weisen uns den Weg. Müde und glücklich fallen wir in unsere Betten. Florian genießt es sehr nicht alleine schlafen zu müssen, denn sein Bett steht direkt neben unserem. So geht er auch immer erst mit uns schlafen, denn sich vorher hinlegen kommt für ihn nicht in Frage, egal wie müde er ist oder wie anstrengend sein Tag war.

So geht der schöne Urlaub zu Ende. Am letzten Tag gehen wir abends gar nicht schlafen, denn wir werden in der Nacht um 1.00 Uhr vom Bus abgeholt und an den Flughafen gefahren. Unser Flug geht um 3.00 Uhr und so sind wir am frühen Morgen wieder daheim.

Katharina holt uns vom Flughafen ab, bevor sie sich weiter auf ihren Weg zur Arbeit macht. Jetzt heißt es erst einmal hinlegen und noch eine Runde Schlaf nachholen. Zum Glück ist Florian auch sehr müde und wir alle verschlafen den halben Tag.

Die Kirche und andere schönen Orte

Nach dem aufregenden und wunderbaren Urlaub geht alles wieder seinen Gang. Morgens um 7.30 Uhr aufstehen, Florian beim Anziehen und Zähneputzen helfen, beim Kämmen und Waschen beaufsichtigen, weil er sonst nur mit dem Kamm hin und her fährt und Katzenwäsche mit zwei Fingern macht. Ermahne ich meinen Sohn es besser zu machen folgt sogleich eine seiner Schimpfattacken.

Während all dieser Aktivitäten soll ich ihm schon am frühen Morgen tausend Fragen, die ihm im Kopf herumschwirren, beantworten. Damit ich ein kleines bisschen Ruhe habe, darf er oft noch etwas Kinderprogramm schauen, bis der rote Schulbus ihn gegen 8.30 Uhr abholt. Für mich bedeutet diese freie Zeit eine kleine Atempause, in der ich einige Dinge erledige und auch versuche eine Stunde für mich zu haben.

Um 15.15 Uhr trudelt mein Schulkind dann wieder zu Hause ein und wenn wir keine Termine haben gehen wir meistens eine Runde nach draußen in unseren Garten oder auf den Spielplatz.

Später, nach ein bisschen Spielen oder Fernsehen schauen, machen wir unseren Sonnenschein gegen 20.00 Uhr für das Bett fertig. Bis circa 21.00 Uhr darf er noch in seinem Zimmer spielen, Bücher anschauen oder Musik hören, dann heißt es schlafen gehen.

Manchmal klagt Florian über Kopfweh und das Schielen des einen Auges geht wohl auch nie ganz weg, was vor allem auftritt wenn er müde oder erschöpft ist. Das Augenpflaster kleben wir zum

Glück immer seltener, denn laut Augenärztin hat sich sein Sehvermögen und das Schielen sehr verbessert.

Es wird mal wieder September und es beginnt für unseren Jüngsten der Kommunionunterricht. Es ist so schön, dass er nächstes Jahr zur Kommunion gehen darf. Letztes Jahr ließen wir ihn zurückstellen, weil er noch so unkonzentriert, quirlig und rastlos war. Mein Mann und ich wagten es kaum zu hoffen, dass er überhaupt daran teilnehmen kann. Doch jetzt hat er sich weiter entwickelt und wir glauben, dass Florian es jetzt schaffen kann.

Heute ist es endlich soweit und der Unterricht beginnt. Er findet einmal die Woche statt, mit sieben anderen Kommunionkindern bei einem sehr netten engagierten Vater, der selbst vier Kinder hat. Der lockere Mann, der diese Vorbereitungsstunden leitet, ist Lehrer von Beruf. Wir erklären schon beim ersten Elternabend dass Florian etwas anders ist, er schlecht lesen und kaum schreiben kann, vieles nicht so gut versteht und in allem langsamer ist. „Es ist überhaupt kein Problem, dass kriegen wir schon hin", sagt der freundliche Mann. Über so viel Mut und Verständnis, Florian mit einzubeziehen, freuen wir uns sehr.

So trifft sich die Gruppe im Pfarrzentrum oder bei dem Vater zu Hause in seinem großen Haus mit Garten und hinterher bleibt immer noch ein wenig Zeit zum Spielen, was Florian großen Spaß bereitet, denn auch einige Kindergartenfreunde sind mit dabei.

Kurz vor Weihnachten macht unser Sohn uns ein riesiges Geschenk. Seine Lehrerin schreibt uns in sein Mitteilungsheft: Heute ist ein Freudentag. Florian kann lesen! Er hat tatsächlich geschafft, die Buchstaben zusammenzuziehen. Etwas, dass einigen Behinderten niemals möglich ist. Das Lesen schenkt ihm ein großes Stück Freiheit, sich in der Welt zurechtzufinden. Es ermöglicht Straßenschilder, Fahrpläne und Briefe zu lesen, Lebensmittel erkennen und vor allem Bücher lesen. Was für uns so selbstverständlich ist, ist für einige Menschen unerreichbar. Doch bei ihm hat es Klick gemacht und eine neue Welt öffnet sich. Unser größter Wunsch ist in Erfüllung gegangen und das macht uns so unsagbar glücklich.

Im Januar 2013 laufen die Sternsinger von Haus zu Haus und dieses Mal ist unser Florian dabei. Wieder etwas, womit wir nie gerechnet hätten, es ist unglaublich.
Der nette Papa vom Kommunionunterricht ist schon seit 15 Jahren bei den Sternsingeraktionen dabei und er findet es gut, dass Florian in seiner Gruppe mitläuft. Ich habe Zweifel, ob unser Sohn es solange aushält, schließlich laufen die Gruppen fast den ganzen Freitag und den halben Samstag. Deswegen vereinbaren wir, wenn es Florian zu viel wird, sollen sie mich anrufen, weil er ja nicht alleine nach Hause laufen darf. Entweder hole ich ihn dann ab oder er muss gebracht werden. Der lockere Mann sieht alles leicht und meint: „Machen Sie sich keine Gedanken, Florian wird es sicher gefallen."
So zieht unser Schatz am Freitagmorgen, nach dem Aussendegottesdienst, als verkleideter König durch die Straßen. Einen Spruch sagen möchte er aber auf keinen Fall, nur mitsingen, das ist okay.

Es bereitet unserem Sternsinger große Freude dabei zu sein, mit den Kindern von Haus zu Haus zu ziehen, so dass er von Anfang bis Ende durch hält. Wir staunen, wo Florian oft bei jedem kleineren Weg schon meckert, es sei ihm zu weit und er könne nicht mehr. Was die Gemeinschaft doch ausmacht. Auch am Samstag nach dem gemeinsamen Mittagessen im Pfarrzentrum müssen wir ihn nicht abholen, denn der engagierte Vater bringt ihn sogar zu uns zurück. Jedes Kind kommt mit einer großen Tüte voller Süßigkeiten nach Hause, die sie von den Leuten geschenkt bekommen haben. Florian ist glücklich und erschöpft. Nach dem Dankesgottesdienst am Sonntag ist unser Sohn richtig enttäuscht, dass schon alles vorbei ist. Nächstes Jahr will er auf jeden Fall wieder mitlaufen.Wir sind so dankbar, dass es immer wieder so tolle mutige Menschen gibt, denen seine Behinderung egal ist. Diese kleinen Lichtblicke am Horizont machen das Leben schön.

Der Kommunionunterricht und die Kirche gefallen unserem Jüngsten sehr und er geht immer mit Freude dort hin. Er liebt den Gottesdienst, das Glockenläuten und die schönen Kirchenlieder. Neugierig will er immer alles wissen und stellt tausend Fragen. „Weshalb bekommen wir keinen Wein, nur der Pfarrer? Wie schmeckt der Wein überhaupt oder die Hostie? Ist die lecker, warum muss ich noch so lange bis zur Kommunion warten? Das ist doof. Warum bekommt man nicht zwei Hostien?" „Ach Florian, das ist doch nur symbolisch. Es stellt das Brot dar, das Jesus mit seinen Jüngern geteilt hat und das feiern wir nach." „Ach so. Wie heißen die Engel neben dem Altar? Was kostet die Kirche?" Manchmal staune ich über seine Gedankengänge, die wie immer so erfrischend offen, direkt, so unverfälscht und rein sind.

Die Zeit vergeht und die Samstage wechseln sich ab mit Tanzen oder Spielsamstagen. Manchmal lassen wir das Tanzen auch mal ausfallen, da sich die beiden Termine öfters überschneiden. Leider gefällt das der Tanzlehrerin nicht und so stellt sie uns ein Ultimatum. Wir müssen uns entscheiden was uns wichtiger sei, Tanzen oder Spielsamstage. Da uns Eltern und auch den Kindern die Spielsamstage mehr bringen, denn da haben sie fast den ganzen Tag Unterhaltung und wir Eltern genießen ein paar freie Stunden, entscheiden wir uns das Tanzen aufzugeben. So endet leider wieder ein Kapitel und abermals schließt sich eine Tür. Schade, das Leben ist ständige Veränderung.

Florians zehnten Geburtstag feiern wir auf einem Indoorspielplatz. Mit acht quirligen Jungs ist das unheimlich praktisch. Außer zwei ehemaligen Kindergartenfreunden sind die anderen Freunde aus seiner Schule und der Downgruppe.

Zwei Mütter und mein Mann sind auch mit dabei und so verbringen wir einen schönen Nachmittag in fröhlicher Runde. Die Jungs haben Spaß und toben auf dem Kletterturm, rutschen die aufgeblasene Riesenrutsche hinunter, springen auf den Trampolinen oder verstecken sich im Bällebad. So ein Spielplatz ist wirklich eine fantastische Sache. Da möchte man selbst noch mal Kind sein und mit den riesigen Bausteinen ein Haus bauen, Tischkicker spielen oder in der Kiste die Rollbahn hinunter sausen. Jeder darf herumtoben und keiner muss am Ende aufräumen. Zum Abschluss gibt es Würstchen mit Pommes und alle sind glücklich, eine gelungene Geburtstagsparty.

In dieser lustigen Runde beschließen einige Mütter, ihre Kinder mal zwei Nächte in die Kurzzeitpflege zu schicken. Das ist eine besondere Einrichtung, in die man behinderte Kinder geben kann, wenn Eltern krank sind oder eine Auszeit brauchen. Bisher haben wir uns nicht getraut, das in Anspruch zu nehmen, doch nun möchten wir es uns anschauen und ausprobieren. Darum machen wir einen Termin aus.

Nun treffen wir uns heute mit unseren Kindern vor diesem Gebäude. Freundlich werden wir von den Mitarbeiterinnen begrüßt. Das Haus ist hell und freundlich und macht einen gemütlichen Eindruck. Es ähnelt einem Kurheim oder einer Jugendherberge und hat so gar nichts mit abschieben und ruhigstellen zu tun. Man macht sich ja so seine Gedanken.

Es wird uns erklärt, dass die Angestellten immer die gleichen sind, die sich den Schichtdienst teilen. So haben die Kinder, wenn sie öfters kommen immer bekannte Gesichter und Bezugspersonen. Vierzehn Plätze stehen zur Verfügung mit Einzelzimmern und gemütlichen Doppelzimmern.

Ein großer Gemeinschaftsraum mit Esstisch und Kuschelecke, Fernseher, CD Player sowie Bücher und Spiele befindet sich jeweils in der unteren und oberen Etage. Daran schließen sich jeweils die Küche und die Zimmer an. Daneben gibt es noch ein Entspannungsraum (Snoezelraum), ein Turn- und Spielzimmer. Anbei ein kleiner eingezäunter Garten mit Schaukel und ein paar Fahrzeugen, wie Bobbycar und Dreirädchen. Wenn die Kinder mehrere Tage dort verbringen, werden auch Ausflüge in den Zoo, zum Flughafen, zur Fasanerie, ins Museum, ins Kindertheater oder zum Kino angeboten. Manchmal finden auch im Haus organisierte Events statt, wie Klangmassagen oder Filzkurse. Das alles hört sich sehr gut an und so kommt es, dass Florian und vier seiner behinderten Freunde drei Tage in der Kurzzeitpflege verbringen.

Wir Eltern müssen nun damit klar kommen unseren Nachwuchs das erste Mal richtig loszulassen, was gar nicht so einfach ist, gerade bei so besonderen Kindern. Es ist ungewohnt und still bei uns zu Hause, so ganz ohne Florian und nur langsam gewöhnt man sich an den Gedanken, dass er von Fremden betreut wird. Doch es wird ihm dort bestimmt gut gehen und außerdem ist er ja nicht alleine.

Alles klappt prima und die Truppe hat großen Spaß miteinander und so wird es der Startschuss für viele kleine Auszeiten.

Heute stolpere ich in der Zeitung über eine Anzeige, dass im nächsten Ort Osterferienspiele für 6 bis 12 jährige angeboten werden, auch behinderte Kinder sind herzlich eingeladen. Fünf Tage lang, von 12.00 Uhr bis 18.00 Uhr, wird im evangelischen Gemeindezentrum eine Art Dorf aufgebaut und die Kinder können spielerisch lernen, wie man in der Post, bei der Zeitung, der Bank, in der Bäckerei, der Gemeinde oder auf dem Arbeitsamt arbeitet. Jeder bekommt ein bisschen Spielgeld als Startkapital, von dem Essen und Trinken oder andere Attraktionen bezahlt werden können. Ist das Geld alle, muss das Kind an den besagten Ständen „arbeiten" um sich so wieder Geld zu verdienen. Dabei wird kindgerecht die Wirtschaft erklärt. Natürlich findet auch freies Spielen auf der Theaterbühne, der Leseecke oder draußen im Spielzelt statt und jeden Tag werden kleinere Ausflüge angeboten zu denen man sich anmelden kann, jeder wie er mag. Ich finde dieses Angebot fantastisch und so melde ich Florian dort an.

Als wir am ersten Tag bei den Ferienspielen ankommen, stehen schon eine Menge Kinder in der Schlange und warten auf Einlass. Ich erzähle den Betreuern von Florians Behinderung und das er vielleicht etwas Schwierigkeiten hat, sich zurechtzufinden und mit dem Geld sollen sie ihm bitte auch ein bisschen helfen. Sie versprechen mir sich darum zu kümmern. Wieder mal gehen wir einen neuen Weg und mein Sorgenkind verschwindet in der Menge.

Als ich ihn abends abhole ist er ganz schön platt aber sehr glücklich. Er kennt bei den Ferienspielen nur einen Jungen aber da er wenig Kontaktschwierigkeiten hat spielte er heute mit ein paar neuen Kindern. Die sind natürlich gleich alle seine Freunde obwohl er noch nicht mal ihre Namen kennt. Zu Essen gab es Nudeln mit Tomatensauce und nachmittags noch Kuchen. Na das war doch nach Florians Geschmack, hoffentlich übertreibt er es nicht mit dem Essen fassen.

Nach dem zweiten Ferientag, als mein Sohn abends zur Heimfahrt im Auto sitzt, möchte ich wieder wissen, ob es schön war und was es zu Essen gab. „Ich habe heute gar nichts gegessen und nichts getrunken." „Oh je, warum denn nicht, geht es dir nicht gut?" „Doch aber ich habe heute kein Geld gehabt." „Um Gotteswillen, warum hast du nicht die Betreuer gefragt?" „Das habe ich mich nicht getraut." „Oh Florian, dann warst du heute auf Diät und es gab bestimmt wieder schöne Sachen zu Essen."

Mein Sohn tut mir leid, die Betreuer überschätzen ihn bestimmt, da sein Sprachverständnis so gut ist, denken sie er kommt alleine zurecht. Doch Florian war mal wieder hilflos und verhungert am vollen Tisch.

Am nächsten Morgen kläre ich die Betreuer erst einmal auf, dass mein Sohn gestern nichts gegessen und getrunken hat, weil er das mit dem Geld verdienen nicht auf die Reihe kriegt. Sie sollen ihm doch bitte helfen und darauf achten, dass Florian sich etwas kaufen kann. Die Betreuer entschuldigen sich, sie dachten wenn etwas unklar sei würde Florian es ihnen mitteilen. So ist er halt, unser Überraschungspäckchen.

Die fünf Tage vergehen wie im Flug und ohne weitere Zwischenfälle. Freitags findet noch ein Abschlussfest statt, zu dem auch die Eltern herzlich eingeladen sind und sich alles anschauen können. Erst jetzt erfahren wir, dass ja über hundert Kinder hier zu den Ferienspielen gekommen sind. Oh je, hätte ich das vorher gewusst, hätte ich unseren Sohn vielleicht doch nicht angemeldet. Doch Florian überrascht uns immer wieder, denn er zerstreut alle Gedanken und sagt: „Mama, es war so toll hier, nächstes Jahr will ich wieder dabei sein, im super Kinderclubdorf." Trotz dem Fasten, dem Durcheinander und den vielen Kindern hat es Florian riesigen Spaß gemacht. Zum Abschluss lassen die Betreuer das Spielgeld vom Balkon auf die Kinder herunter regnen, ein Highlight für die Kids. Das Bad in der Menge, es hat Florian so gut getan.

Nun ist der große Tag gekommen und die Kommunion steht an. Florian ist sehr aufgeregt. Wir haben ihm einen schicken schwarzen Anzug gekauft, dazu ein weißes Hemd mit eleganter, lila gestreifter Krawatte.

Eigentlich wollte ich unserem Jüngsten schwarze Turnschuhe kaufen, denn heutzutage ist ja alles erlaubt. Doch Katharina sagte: „Mama, das geht gar nicht, wenn schon schick dann richtig." Und so trägt Florian heute ein Paar schwarze elegante Lederschuhe zu seinem tollen Outfit und er sieht klasse aus. Man sieht ihm seine Behinderung überhaupt nicht an.

Wir sind heute mal wieder so richtig glücklich. Für uns ist es ein ganz besonderer Tag, denn nichts in unserem Leben ist mehr selbstverständlich.

Wir hoffen nur, dass alles gut läuft und Florian nicht aus der Reihe tanzt, sich benimmt und vor allem nicht auffällt. Man denkt immer, die Menschen schauen besonders genau auf so ein besonderes Kind.

Mit den Verwandten und Freunden machen wir uns auf den Weg in die Kirche und nehmen unsere Plätze ein. Die Kommunionkinder ziehen feierlich, mit ihren selbst dekorierten Kerzen, in die Kirche ein. Ein schöner Zug festlich gekleideter Kinder zieht an uns vorbei.

Als Florian uns sieht, winkt er ein bisschen. Mal wieder füllen Tränen meine Augen, Freudentränen, denn unser Sohn hat es geschafft bei diesem großen Tag dabei zu sein.

Er darf heute sogar die Gruppenkerze tragen und stellt sie voller Stolz auf den Altar. Zum Glück ist Florian heute in Hochform und alles klappt prima. Wir sind unendlich stolz, ein kleines Stück Normalität auf unserem besonderen Weg.

Nach der kirchlichen Zeremonie gehen wir mit unserer Gesellschaft in ein Restaurant zum Mittagessen. Anschließend sitzen alle noch gemütlich bei uns im Wohnzimmer, bei Kaffee und Kuchen. Endlich kann Florian seine vielen Geschenke auspacken. Er freut sich sehr, auch weil sich heute alles nur um ihn dreht. Bewusst haben wir uns dazu entschlossen nicht den ganzen Tag im Restaurant zu verbringen, denn so kann unser Kommunionkind mit seinem ein Jahr älteren Cousin eine Runde spielen gehen. Etwas austoben, bis es zum Abschlussgebet um 17.00 Uhr noch einmal gemeinsam in die Kirche geht. Damit endet dann dieser wunderschöne besondere Tag.

Von nun an erhält Florian in der Kirche endlich die langersehnte Kommunion in Form der Hostie, was ihm wohl das Wichtigste bei dem ganzen Ereignis war. „Und wie schmeckt sie?", frage ich abends meinen Helden. „Gut". Die vielen Kommunionkarten, die die letzten Tage eingetrudelt sind und sich auf dem Schrank angesammelt haben berühren mich sehr. So viele Menschen haben an unseren Sohn gedacht und obwohl sie im realen Leben nicht über ihren Schatten springen, sind sie in Gedanken bei uns.

Im Mai verabschieden wir uns endlich von dem nervigen Augenpflaster, obwohl Florian ohne Brille immer noch etwas schielt. „Das ist normal, es wird nie so ganz weg gehen aber ich bin mit dem Ergebnis sehr zufrieden", sagt die Augenärztin. Wieder etwas geschafft.

Unser Sonnenschein freut sich schon riesig auf unseren Frühlingsmarkt. Ein jährliches Event in unserem Ort mit vielen Verkaufsständen, einem Flohmarkt und einem Kerbplatz. Dieses Mal steht ein sehr großes Riesenrad auf dem Feuerwehrplatz und Florian kann es kaum erwarten mit Papa zu fahren. Für mich ist das Nichts, bei meiner Höhenangst. Drei Tage dauert das bunte Treiben und Florian liebt es jeden Tag mit Papa ins Riesenrad zu steigen.

Mit seinen zehn Jahren will er zum Glück kein Kinderkarussell mehr fahren. Wir hatten schon Bedenken, dass die anderen sich über ihn lustig machen. „Damit fahre ich nicht mehr, das ist Babykram," poltert Florian.

Wir staunen, denn damit hätten wir nie gerechnet, wo das Kinderkarussell immer sein Liebstes war. Seltsamerweise entwickelt sich unser Sohn in manchen Dingen ganz normal weiter.

Heute auf dem Jahrmarkt sehe ich wieder einige seiner ehemaligen Kindergartenfreunde, die nun schon alleine Autoskooter fahren. Das traut sich Florian aber noch nicht. Papa oder ich müssen immer herhalten und Gas geben und lenken. Die anderen Kinder so zu sehen macht mich immer noch traurig, denn es zeigt mir wieder, wie weit er hinterherhinkt. Doch damit müssen wir wohl leben, immer den Vergleich vor Augen zu haben. Es fällt leichter, wenn wir mit den Behinderten zusammen sind, da sind alle irgendwie eins. Florian liebt auch noch immer heiß und innig das Puppentheater und hält bei unseren Spaziergängen durchs Ort stetig nach Plakaten Ausschau. Zu jeder Vorführung müssen wir hin, sonst ist er ganz traurig. Dabei ist er schon einer der Größten, doch solange es ihm so große Freude bereitet möchte ich meinem Sohn dieses Erlebnis nicht nehmen. Schließlich muss er schon auf so vieles verzichten, was für die anderen selbstverständlich ist. Zum Beispiel mal einfach so mit Freunden treffen, mal raus ins Feld zum Spielen laufen oder alleine ins Ort gehen. All das ist noch unerreichbar für ihn, weil er nicht verkehrssicher ist, er den Verkehr nicht einschätzen kann und Angst vor den Autos hat. Genauso wie vor Hunden oder Bienen, da gerät unser Held in Panik. Außerdem würde er mit jedem, der ihm gut zuredet, mitgehen. Nein, allein rausgehen liegt noch in weiter Ferne. Jedes Treffen, jede Freizeitaktivität muss organisiert werden.

Wieder einmal steht unsere jährliche EEG Kontrolle an. Nachdem ich mich telefonisch nach einem Termin erkundige wird mir mitgeteilt, dass es in dem Krankenhaus wo wir sonst waren, momentan keinen zuständigen Kinderneurologen gibt und wir woanders ankommen müssen.

Da ich keine Lust habe, wegen dem EEG soweit zu fahren, entscheiden wir uns mal wieder für das Krankenhaus in dem unser SPZ (Sozialpädagogische Zentrum) stationiert ist.

Zwei nette Kinderkrankenschwestern nehmen uns auf der Kinderstation in Empfang und während wir uns ein bisschen unterhalten, meistert Florian sein EEG vorbildlich. Danach sollen wir zum Besprechen der Ergebnisse rüber ins SPZ laufen. Eigentlich dachte ich, es würde hier von einem Kinderarzt besprochen, doch ich ahne, dass wir gleich wieder diesem unfreundlichen Professor über den Weg laufen.

Wie das Leben so spielt, ist es tatsächlich so. Der seltsame Kinderneurologe hat hier das Sagen und beurteilt die Aufnahmen vom EEG. Mein Sohn kennt ja schon fast auswendig den Weg ins Spielzimmer, denn ich werde, wie letztes Mal, nur alleine zu dem Arzt ins Zimmer bestellt. Heute wirkt der Gott in weiß etwas anders auf mich. Er trägt eine rotkarierte Hose und ein einfarbiges Poloshirt, locker schlaksig begrüßt er mich. Ich weiß nicht, was ich von diesem Menschen halten soll. Er fragt: „Was kann ich für Sie tun?" „Na wir sind heute wegen dem EEG hier." „Ach ja, nun, wie ich hier sehe hat sich daran nichts geändert, alles ist wie beim letzten Mal. Nur wenn Florian einen Anfall bekommen sollte, muss man mit Medikamenten eingreifen.

Kann ich Ihnen sonst noch weiterhelfen?" Ich frage, wie er Florians weitere Entwicklung einschätzt. „Sie sollten sich klar machen, dass es da nicht allzu große Fortschritte geben wird. Mit seinem Intelligenzquotient wird er immer auf Hilfe angewiesen sein und höchstens den Stand eines 9 bis 12 jährigen erreichen. Haben sie sich schon Gedanken um eine Unterbringung gemacht?"

Wut steigt in mir hoch, wie kann er mir wieder so etwas raten. Er kennt Florian doch so gut wie gar nicht. Ich reiße mich zusammen und sage: „Ja, vielleicht wenn Florian älter ist." Darauf hin erzählt er mir, dass auch er einen Sohn hat. „Der wird auch irgendwann seinen eigenen Weg gehen und so müssen sie Florian dann auch loslassen. Damit sie sich nicht ewig aufopfern und noch etwas von ihrem Leben haben." Was denkt dieser Mann sich eigentlich. Kann man sein Kind einfach so weggeben wie ein unbequemes Möbelstück?

Zum Glück wechselt er das Thema und erklärt mir, wie schwierig es heute als Kinderarzt ist. „Die Eltern wollen immer alles ganz genau wissen, möchten über jede Kleinigkeit informiert werden. Früher war ein Arzt noch eine Respektsperson, da wurde nichts in Frage gestellt." Das er sich Florian anschauen möchte, darüber verliert er kein einziges Wort. Er macht auf mich den Eindruck als finde er es nervig, dass wir schon wieder hier sind, denn in seinen Augen ist Florian wohl aus therapiert.

Eigentlich habe ich mir immer gewünscht, hier an dieser Klinik könnten alle Untersuchungsergebnisse zusammenlaufen und wir wären gut beraten mit unseren Ängsten und Sorgen. Doch der Kinderneurologe mag fachlich ja etwas auf dem Kasten haben aber menschlich ist er in meinen Augen die absolute Niete, total unsympathisch. So endet unser Gespräch, dankend verabschiede ich mich. Der Arzt begleitet mich tatsächlich noch zu Florian ins Spielzimmer, wirft ihm einen super kurzen Blick zu und schon ist er verschwunden. Ob es ihm unangenehm ist mit Behinderten zu kommunizieren? Das war es mal wieder. Florian ist etwas erbost, weil der Arzt ihn gar nicht untersucht hat. Das kann ich verstehen, denn sein Mitkommen war ganz und gar für die Katz.

Dieses Jahr haben wir einen herrlichen Sommer, sodass wir die Nachmittage oft im Freischwimmbad verbringen. Meistens sind Paul und seine Mutter mit von der Partie oder ein anderer Freund begleitet uns. Mein Jüngster traut sich nun auch vom Dreimeterbrett zu springen aber das Einmeterbrett ist ihm immer noch lieber. Dank seines Seepferdchens ist es nicht mehr ganz so anstrengend, ihn zu beaufsichtigen. Wie immer rutscht Florian super gerne die Metallrutschbahn hinunter, zehn bis zwanzig Mal sind keine Seltenheit. Es macht ihm nach wie vor viel Spaß im Schwimmbad zu sein und ein Eis und eine Wurstsemmel gehören stets zum Badenachmittag dazu. Was wir einmal in seine Routine aufgenommen haben kann man nicht so einfach wieder aufgeben.

Leider fällt der große Sommerurlaub für Florian dieses Jahr aus, denn im September feiern wir Silberhochzeit. Wahnsinn, wie schnell die Zeit vergangen ist. Wir haben es tatsächlich geschafft. Nun sind die Kinder groß, außer Florian natürlich und unser großer Tag steht bald vor der Tür. Schon immer träumten wir davon, zur Silberhochzeit mal wieder ganz alleine in den Urlaub zu fahren. Noch einmal in die fantastische Dominikanische Republik, denn vor 22 Jahren verbrachten wir dort einen Traumurlaub. Kristallklares, himmelblaues Wasser mit Badewannentemperatur, herrlich warmer, weicher, schneeweißer Puderzuckersand und strahlender Sonnenschein.

Schon damals vereinbarten mein Mann und ich, wenn es uns irgendwie möglich ist, noch einmal dorthin zurückzukehren.

Martin und Katharina sind ja mittlerweile 18 und 21 Jahre alt und selbstständig, sie kommen auch einige Zeit ohne uns zurecht.

Florian haben wir schon am Anfang des Jahres, für die Zeit unserer Silberhochzeitsreise, in der Kurzzeitpflege angemeldet. Damit er sich dort nicht so alleine fühlt kommen vier seiner behinderten Freunde ein verlängertes Wochenende dazu. Mit dieser Lösung geht es auch mir besser, denn ich habe ein schrecklich schlechtes Gewissen unseren Nachzügler das erste Mal nicht mit in den Urlaub zu nehmen.

Ich frage seine Lehrerin, ob es nicht besser sei, ihn auf unsere Silberhochzeitsreise mitzunehmen? Nachher ist unser Sohn traurig oder er hasst uns dafür. „Nein, dass glaube ich nicht, fahren Sie nach all den Jahren nur mal wieder alleine. Florian wird es schon verkraften und Sie können die zwei Wochen gut gebrauchen.

Genießen sie es, einfach mal abzuschalten und neue Kraft zu tanken. Sie brauchen kein schlechtes Gewissen zu haben, die Schule wird Florian auf seine zwei Wochen in der Kurzzeitpflege vorbereiten. Andere Schüler gehen ja auch immer mal für ein oder zwei Wochen dort hin und Florian kennt das schon." Er soll in diesen zwei Wochen auch nicht in die Schule gehen, denn es würde ihn bestimmt verwirren, wenn er mittags nicht nach Hause gebracht würde. Die Lehrer erklären ihm, dass es für ihn auch ein toller Urlaub ist und wir Eltern einfach mal eine Auszeit brauchen.

So ist es nun beschlossen, wir fahren ohne ihn. Doch so ganz kann ich mich immer noch nicht über die neue Situation freuen. Werde ich den Urlaub alleine mit Papa überhaupt genießen können? Kann ich dann abschalten, ohne mir Sorgen um mein Jüngsten zu machen? Ich habe Angst, dass danach unser Verhältnis nicht mehr so gut ist. Zwei Wochen ohne Mama und Papa und wir ohne Florian, dass gab es noch nie.

Ich versuche meine negativen Gedanken so tief wie möglich in mir zu vergraben und halte mir das Positive vor Augen. Endlich mal wieder Zeit für uns, nur mal an sich denken, keine Verpflichtungen, nach 25 Jahren haben wir uns diesen Urlaub verdient. Danach sind wir ja wieder voll und ganz für alle da.

Damit ich mein Gewissen noch ein bisschen besser beruhige machen wir mit Florian in den Sommerferien ein paar schöne Ausflüge. Unter anderem besuchen wir einen Freizeitpark mit vielen Attraktionen. Am liebsten würde Florian die Achterbahnen fahren aber da will keiner von uns mit und um alleine zu fahren ist er zum Glück noch zu klein. Da ist die kleine

Bootsfahrt, die an den Tabaluga Figuren vorbeiführt, viel angenehmer. Wir fahren gleich noch einmal, denn der böse Arktos hat es unserem Sohn angetan. Wenn wir an ihm vorbeikommen musst er immer mit ihm schimpfen, weil er Tabaluga vereisen möchte. Ja ja, unser großer kleiner Florian. Im Biene Maja Land sausen wir in fliegenden Schmetterlingen hoch und runter und schaukeln im eigentlich hüpfenden Flip die Schienenbahn entlang. Ein kleiner Baumstamm, der hin und her schwingt, bringt uns ganz schön außer Puste, hui, das ist super lustig. Nach vielen weiteren kleinen Fahrgeschäften brauchen wir eine Stärkung in Form von Bratwurstbrötchen und Eis. Dann geht es weiter zur gruseligen Geisterbahn, hier drinnen hat Florian ganz schön Angst und will lieber nicht noch einmal hinein.

Am Mittag findet eine tolle Wassershow statt, mit spannenden Aktionen, Explosionen, rasanten Bootsfahrten und tollen Wasserskistunts. „Mama, ist der tot?" „Nein, mein Schatz, die spielen das doch nur." „Ach so." Ob Florian alles so richtig versteht, ich bezweifele es. Ein erlebnisreicher Sommertag geht zu Ende und wir machen uns auf den zweistündigen Heimweg.

Dieses Jahr sind in den letzten drei Wochen der Sommerferien die Ferienspiele. Die erste Woche verbringt unser Sohn mit seinen behinderten Freunden. Morgens um 9.00 Uhr geht es wieder los, später um 17.00 Uhr werden sie nach Hause gebracht. Entweder spielen die Kinder in den Räumen der Samstagsbetreuung oder sie machen Ausflüge auf den Indoorspielplatz, in den Zoo oder in interessante Museen. Sie waren auch schon im Palmengarten oder auf einem Wasserspielplatz. Es bereitet Florian immer große Freude mit seinen Kumpels unterwegs zu sein.

Die letzten zwei Wochen schließen sich dann die Ferienspiele hier bei uns in der Gemeinde an, wo Florian das erste Mal dabei ist. Es ist für ihn etwas ganz Besonderes, denn er kann mit den Kindern aus unserem Ort spielen. Schon letztes Jahr fragte ich dort nach, ob auch Behinderte mitmachen können? Es wäre kein Problem, er dürfe gerne vorbei kommen. Aber ich war noch nicht soweit mein Kind loszulassen und habe abgesagt.

Doch dieses Jahr kann ich es mir gut vorstellen, dass er bei den Waldferienspielen mit der neuen Situation zurechtkommt. Darum melde ihn dort an und beim ersten Treffen werden die Betreuer darauf vorbereitet, worauf sie bei ihm achten müssen. Dass Florian zwar zehn Jahre alt ist aber eher wie ein 6 jähriger denkt und handelt. Auch darf er nicht alleine heim laufen, einer von uns wird ihn immer bringen und abholen. Das sei schon in Ordnung, es sind ja auch jüngere Kinder, ab 6 Jahren, dabei und die dürfen auch nicht alleine gehen. Sie haben auch Kinder, die kein Wort Deutsch verstehen und das funktioniere auch.

Ja, das stelle ich mir auch schwierig vor, wenn man die Sprache nicht kann. Diese Kinder sind in gewisser Weise ja auch gehandicapt.

Als alles soweit geklärt ist werden die Gruppen eingeteilt. Wieder sind ehemalige Kindergartenfreunde dabei und Florian freut sich riesig sie zu sehen. Sein bester Freund Philipp ist auch da und er freut sich mindestens genauso als klar ist, dass sie in die gleiche Gruppe kommen.

Es werden zwei fantastische Wochen für Florian. Von 10.00 Uhr bis 17.00 Uhr finden die Ferienspiele draußen im Wald und auf dem Freigelände der Turner statt. Morgens fahren Florian und ich meistens mit dem Fahrrad zum vereinbarten Treffpunkt im Wald. Zuerst sitzen die Kinder auf Baumstämmen in einem Kreis und singen zur Begrüßung lustige Lieder. Danach wird das Tagesprogramm vorgestellt und jede Gruppe bekommt sein Gebiet im Wald zugeteilt. Dort dürfen die Abenteurer vormittags nach Herzenslust Löcher buddeln, Unterstände und Hochstände aus kleinen und großen Ästen und Baumstämmen bauen. So entstehen im Laufe der Woche tolle Räuberhöhlen, ein richtiger Abenteuerurlaub im Wald.

Das Mittagessen wird von ein paar Müttern in einer Art Feldküche zubereitet und auf dem Platz unter dem Vordach auf dem Freigelände oder im Wald eingenommen. Nach dem Essen werden weitere Aktionen angeboten wie: Basteln, T-Shirts bemalen, für die Abschlussparty am Freitag Tanz- und Musikstücke eingeübt oder Ausflüge zum Schwimmbad, an den See, in die Kiesgrube oder ins Naturschutzgebiet. So viele schöne Aktionen, da möchte man glatt noch einmal Kind sein.

Am Ende findet eine Abschussfeier statt. Florian möchte bei den Aufführungen für die Eltern aber nicht mitmachen, weil er dafür viel zu aufregt ist. Voller Stolz zeigt er uns aber all die tollen Sachen, die die Kinder gebaut und gebastelt haben, zusätzlich sind auf einer Pinnwand die Aktivitäten auf Bildern festgehalten.

Eigentlich fällt unser Sorgenkind in der Gruppe überhaupt nicht auf, es ist eine verrückte Sache mit seiner Behinderung, eine gemogelte Normalität.

Ich schiebe meine schwermütigen Gedanken zur Seite, denn es tut so gut zu sehen, wie glücklich Florian ist und das alleine zählt. Außenstehende können gar nicht ermessen, wie viel uns so ein bisschen Normalität bedeutet. Das Bad in der Menge ohne nennenswerte Einschränkungen, es ist so wertvoll.

Nächstes Jahr möchte unser Schatz auf jeden Fall wieder mitmachen, so gut hat es ihm gefallen. Ich habe mir den Termin schon vorgemerkt.

Heute ist unser großer Tag gekommen, die Silberhochzeit. Die letzten Tage sind so viele Karten mit Glückwünschen eingetroffen, dass hat uns sehr glücklich gemacht. Wieder ist es schön, dass so viele Menschen an uns denken. Da wir groß feiern, haben wir alle unsere Freunde und Verwandte eingeladen.

Wenn man so ein Ereignis schon erleben darf, was heutzutage nicht mehr selbstverständlich ist, dann sollte man es auch gebührend feiern.

Das Hoftor ist mit Buchs und silbernen Schleifen festlich geschmückt und am Auto flattert ein silbernes Band. Festlich gekleidet in allerbester Stimmung fahren wir ins Restaurant. Beim Sektempfang begrüßen wir unsere Gäste in dem schön dekorierten Saal, dann lassen wir uns das vier Gänge Menü schmecken. Florian freut sich mal wieder mit seinem Cousin spielen zu können, was neben dem Essen für ihn wohl am wichtigsten ist.

Katharina und Martin, unsere zwei Großen, untermalen den Abend mit fetziger Musik, die sie am Computer zusammengestellt haben. Eine weitere tolle Überraschung ist Katharinas lustige Rede und auch ihre toll organisierten, amüsanten Gesellschaftsspiele, die den Abend unvergesslich machen. Viele schöne Geschenke und originelle Gedichte von Freunden und Familie runden den Abend ab.Wir genießen die schönen Stunden, mal wieder so richtig unbeschwert und fröhlich mit all unseren Lieben unseren Ehrentag feiern. Der letzte Gast verlässt um 0.30 Uhr das rundum gelungene Fest.

Mittlerweile ist es September geworden und unsere große Reise ist in greifbare Nähe gerückt. Der Gedanke ohne Florian zu fahren macht mir immer noch Angst. Mein schlechtes Gewissen schiebt sich wieder in den Vordergrund. Ich bin halt eine Glucke, die schlecht los lassen kann und schneller als gedacht ist die Nacht vor der Abreise gekommen. Florian wird noch zwei weitere Tage bei seinen Geschwistern bleiben, denn er geht donnerstags und freitags noch mal in die Schule und erst am Samstag wird Katharina ihren kleinen Bruder in die Kurzzeitpflege bringen. Am Donnerstagnachmittag geht Florian, wie immer, noch in die Nachmittagsbetreuung und danach nimmt Katharina ihn in Empfang. Am Freitag bringt der Schulbus ihn dann zur Oma und wenn Martin von der Berufsschule kommt, holt er ihn bei ihr ab und begleitet Florian abends noch zum Turnen in die Turnhalle.

So ist alles gut organisiert und wir könnten beruhigt in den Urlaub starten, wenn da nur nicht meine Gewissensbisse wären. Tun wir wirklich das Richtige? Zwei Wochen ohne Florian, werden wir uns nicht sehr vermissen? Kann ich die Zeit ohne ihn überhaupt genießen? Wie wird er reagieren, wenn wir uns erst nach zwei Wochen wiedersehen. Ist er dann sauer auf uns, ist unser gutes Verhältnis dann dahin? Tausend Fragen sausen mir durch den Kopf. Ach würden wir ihn doch mitnehmen. Mir ist ganz schlecht bei dem

Gedanken ohne unseren Schatz zu fliegen. Aber Papa beruhigt mich: „Mach dir nicht so ein Kopf, Florian wird es in der Kurzzeitpflege gut gehen, es wird ihm gefallen. Außerdem hat er ja nicht so ein gutes Zeitgedächtnis, vielleicht empfindet er die zwei Wochen als kurz, das weiß man bei ihm nie und wir machen uns ganz umsonst Sorgen." „Ja, vielleicht, ich hoffe es." Florian kann immer noch nicht einschätzen, wie lang eine Woche oder ein Monat ist.

Manchmal fragt er beim Mittagessen: „Ist das Abendessen?" Oder bei Autofahrten: „Wie lange dauert es noch?" Wenn wir dann antworten: „Eine Stunde", dann wird er ungeduldig und sagt: „Solange noch, sind wir gleich da?" Damit es nicht in endloser Fragerei endet antworten wir deswegen meistens, egal wie lange es noch dauert: „Wir sind gleich da", denn damit ist er seltsamerweise am ehesten zufrieden obwohl er dann trotzdem noch eine Stunde warten muss. Dieses komische Verhalten zeigt, wie wenig Florian sich unter Zeit vorstellen kann. Hoffentlich hat Papa recht und Florian vermisst uns nicht zu sehr. Auch zehn Stunden im Flugzeug wäre mit unserem Sohn unvorstellbar. Ich muss also einsehen, dass es so für uns alle am Besten ist.

Heute morgen ist es soweit. Der Fahrer des Schulbusses klingelt und wir drücken unseren Schatz noch ein letztes Mal ganz feste und wünschen ihm auch eine schöne Urlaubszeit und viel Spaß. Ein komisches Gefühl durchflutet mich als er winkend abfährt. Zwei Wochen werden wir uns nicht sehen.

Um 13.00 Uhr lassen wir uns vom Taxi abholen und um 16.00 Uhr sitzen wir endlich im Flieger. Meine

Gedanken sind bei den Kindern, mein schlechtes Gewissen hat sich etwas gelegt, wir haben ja alles gut organisiert. Nun dürfen wir mal nur an uns denken und die Zeit genießen. Als wir abheben gibt es kein Zurück mehr. Vor der langen Flugzeit hatte ich schon etwas Bammel, doch sie vergeht wortwörtlich wie im Flug.

Alles verläuft nach Plan und nach der Landung und einer Stunde Busfahrt stehen wir um 20.00 Uhr, dortiger Uhrzeit, vor der Hotelrezeption. Beim Check-in erzählen wir, dass dies unsere Silberhochzeitsreise ist und ob sie vielleicht ein schönes Zimmer für uns haben? Der deutschsprechende Portier staunt nicht schlecht und ruft gleich seine Kollegin herbei. Als die hört, dass wir 25 Jahre verheiratet sind schaut sie uns auch ungläubig an. Später erfahren wir, warum die zwei sich so merkwürdig verhalten haben: Die Dominikaner heiraten selten oder nie, für sie sind wir wohl das achte Weltwunder. Total müde beziehen wir unser schön eingerichtetes, geräumiges Zimmer und lassen uns in die zwei extra großen Betten fallen.

Nach dem wir gut geschlafen haben gehen wir hinunter und laufen durch den tollen tropischen Garten um dann im Restaurant das tolle Frühstücksbuffet zu genießen. Die Atmosphäre in dem offenen Speisesaal ist herrlich. Wir sitzen auf einer riesigen überdachten Terrasse mitten im Tropenwald. Schon jetzt am frühen Morgen ist es feucht warm, Wasser plätschert von einem kleinen Wasserfall und müde strecken die Flamingos ihre Köpfe unter ihrem Gefieder hervor. Nach dem ausgiebigen Frühstück gehen wir durch die große Gartenanlage, am Pool vorbei an den puderzuckerweichen Strand. Der Anblick ist wieder gigantisch, der Sand ist so weiß wie Perlen und das Meer leuchtet noch immer wie damals in intensivem Azurblau. Wir stürzen uns bei 30 Grad Lufttemperatur in das badewannewarme, klasklare Wasser, einfach traumhaft. Alles ist noch so paradiesisch.

So genießen wir die traute Zweisamkeit, keiner redet dazwischen, niemand möchte dies oder das. In Ruhe das Essen genießen, mal eine Runde auf der Liege dösen, ein Buch lesen oder gemütlich spazieren gehen. Nur wir zwei, ganz alleine, es ist herrlich, Luxus pur. Mein schlechtes Gewissen hat sich schon am zweiten Tag in Luft aufgelöst.

Wir wissen, dass es Florian gut geht, das hat Katharina uns beim letzten Anruf bestätigt. Sie brachte ihren Bruder am Samstagabend in die Kurzzeitpflege. Er konnte es kaum abwarten, hat nur noch flüchtig tschüss gesagt und schon war er mit den Betreuern verschwunden. Florian darf ja auch jederzeit zu Hause bei den Großen anrufen, wenn er möchte, so haben wir es vereinbart. So wird es ihm schon gefallen und wir sind beruhigt und glücklich, dass daheim alles gut läuft.

Die schönen Urlaubstage reihen sich aneinander und wir fühlen uns so gelöst wie lange nicht mehr. Wir hatten schon fast vergessen, wie sich so ein Urlaub zu zweit anfühlt. Bei einem Tagesausflug lernen wir Land und Leute kennen. Besuchen einen einheimischen Markt, sehen Mangobäume, Zuckerrohrplantagen und Kakaobohnen, Bananenstauden und noch so allerlei.

Gegen Nachmittag erreichen wir ein abgelegenes Künstlerdorf auf einer Anhöhe mitten im tropischen Wald. Der Himmel wird immer dunkler und auf einmal erwischt uns ein starker Regenschauer. Wir flüchten unter die Palmen doch es nützt nichts, wir werden nass bis auf die Haut. Die ganze Gruppe kehrt triefend in den Bus zurück. Viele ziehen ihre T-Shirts aus und wringen sie mitten im Bus aus. Wir lachen, denn so etwas haben wir noch nicht erlebt.

Da es aber sehr warm ist sind wir bald wieder trocken und nähern uns einem großen Urwaldfluss, auf dem wir noch eine gute Stunde eine Floßfahrt machen. Auf dem Wasser ist die Atmosphäre wie in einen Abenteuerfilm, wir sind mitten in den Dschungel versetzt. Links und rechts vom Ufer stehen hohe Bäume auf denen nun zur Abendzeit weiße Vögel ihr Nachtlager aufschlagen, eine ganz besonderer Anblick.

Mit dominikanischer Musik und Rum-Cola werden wir von zwei einheimischen Tänzerinnen zum Mitmachen animiert und die Fahrt endet mit viel Gelächter und super Stimmung. Der schöne Tag neigt sich dem Ende entgegen und so fährt uns der Ausflugsbus zur späten Stunde zum Hotel zurück.

So glücklich und ausgelassen waren wir schon lange nicht mehr. Es tut so gut alle Ängste, alle Sorgen und Pflichten mal hinter sich zu lassen, wir genießen jeden Moment. Die Menschen hier sind immer noch so freundlich und voller Lebensfreude. Ich glaube hier waren wir nicht das letzte Mal und vielleicht schaffen wir es mal, Florian dieses schöne Fleckchen Erde zu zeigen.

Leider vergehen die zwei Urlaubswochen wie im Fluge und wir müssen mal wieder unsere Koffer packen. Auf dem Rückflug haben wir zwei Stunden Verspätung, dass einzig Negative an diesem traumhaften Urlaub. Doch als kleine Entschädigung kommt der Flieger mit den Janosch-Figuren drauf und nimmt uns mit nach Hause. Als hätte da jemand gewusst, dass ich diese Figuren und vor allem den Frosch so liebe. Wir bekommen Plätze über den Tragflächen und sehen den lustigen Frosch uns zuwinken, als wünsche er uns einen guten Heimflug.

Freitags gegen 17.00 Uhr sind wir wieder im acht Grad kalten Deutschland zurück. Katharina unsere Gute, die uns mal wieder vom Flughafen nach Hause fährt, erzählt: „Ich denke, Florian hat es gefallen, dreimal hat er angerufen und war immer gut drauf. Nur an dem Wochenende, als seine Freunde nach den drei Tagen wieder heim gingen, war er etwas traurig, dass er nicht abgeholt wurde." Na mal sehen, morgen wissen wir mehr, wie es Florian verkraftet hat, ihn heute noch abholen wäre zu stressig. Die Zeitverschiebung macht uns zu schaffen, erst einmal ankommen, auspacken und schlafen. Schauen wir mal, was der Morgen bringt.

Papa und ich sind aufgeregt, als wir unseren Jüngsten am Samstag abholen. Da steht er schon und wartet hinter dem gläsernen Eingang. Die Tür geht auf und wir fallen uns in die Arme. „Ihr seid die besten Eltern der Welt, ich habe euch vermisst." „Wir dich auch, mein Schatz."

Oh wie schön, was kann man mehr erwarten als solch eine Begrüßung? Unser Sohn liebt uns noch genauso wie vorher, wenn nicht noch ein bisschen mehr. Es fühlt sich so gut an ihn in den Armen zu halten.

Die Betreuerin erklärt, dass es ihm sehr gut gefallen hat. Mittags kamen immer einige Hortkinder und auf den ein oder anderen hat Florian dann schon gewartet und sie konnten schön zusammen spielen. Einmal war

191

er mit ein paar Kindern und Betreuern am Flughafen, Flugzeuge anschauen. Ein anderes Mal im Zoo und im Kino. Alles in allem waren es zwei schöne Wochen. Na wenn das so gut geklappt hat, können wir uns ja mal wieder aus dem Staub machen.

Ein paar Tage später erzählt Florian mir, dass die Lisa, die auch in der Kurzzeitpflege dabei war, nun seine Freundin ist. Sie geht mit Paul in eine Schule und ist eigentlich seine Freundin. Ganz locker erklärt mir mein Sohn:„ Paul hat mit mir getauscht."
Ich muss lachen. „Oh getauscht, du hattest doch noch gar keine Freundin." „Der Paul nimmt jetzt ein anderes Mädchen aus seiner Klasse und ich kann die Lisa haben." Aha, so einfach geht das bei euch, da staune ich nicht schlecht. Als ich es Paul Mutter berichte ist sie auch sehr amüsiert. Wir Mütter machen uns in letzter Zeit immer mehr Gedanken, was einmal aus euch werden soll. Unser größter Wunsch wäre es, dass die Freunde der Downgruppe zusammen groß werden könnten.
Gemeinsam an Freizeitaktivitäten teilnehmen und später vielleicht immer noch Kontakt zueinander haben oder gar in einer Wohngemeinschaft zusammen leben könnten. Da die Vereine Nachwuchssorgen haben liegt es auf der Hand, uns zusammen zu tun und etwas zu bewegen. Denn wir Eltern der Downgruppe kennen uns mittlerweile schon mehr als vier Jahre, manche auch noch länger, schon aus der Frühförderung und wir möchten den Kontakt beibehalten, solange es geht. So beschließen wir für unsere Kinder einen gemeinsamen Spielsamstag ins Leben zu rufen.

Deswegen steigen die meisten in den Verein mit dazu, der die Nachmittagsbetreuung unserer Schule anbietet. Dort wo Florian jeden Donnerstag betreut wird, der die schönen Weihnachtsfeiern und andere Feste und Freizeitaktivitäten ausrichtet. Es ist ein sehr netter Verein, der sich sehr für Behinderte einsetzt, der auch berät und hilft wo immer es nötig ist. Einmal im Jahr organisiert er einen Sponsorenlauf, mit den gespendeten Geldern hat der Verein schon zwei Wohnhäuser für behinderte Erwachsene gebaut, sie stehen gegenüber vom Vereinsheim.

Da auch die Lebenshilfe, einer der ersten Vereine für behinderte Menschen, händeringend junge betroffene Eltern sucht, steigt auch er mit in unser Projekt mit ein. Gerade die Lebenshilfe sollte man unterstützen, denn sie waren die Ersten, die sich für behinderte Kinder eingesetzt haben. Sie riefen Kindergärten und Schulen für Behinderte ins Leben und von da an brauchten Eltern ihre besonderen Kinder nicht mehr vor der Öffentlichkeit verstecken.

Sie organisieren bis heute Freizeiten, Feste und Ausflüge, Betreuung, Beratung und Fahrdienste. Außerdem haben sie einen gewissen Einfluss auf die Politik, was für unsere Kinder nur von Vorteil sein kann. Nach mehreren Gesprächen mit beiden Vereinen ist es beschlossene Sache und die Dinge, wie Fahrdienst und die Anzahl der Betreuer, Termine und andere Punkte sind geklärt.

Ab jetzt treffen sich unsere Kinder einmal im Monat in den Räumen des Vereins zum Spielen. Der neue Treffpunkt steht und wir werden sehen, was daraus wird. Es ist schön, dass die anderen Eltern mitziehen, denn wir sind die nächste Generation und wir müssen etwas bewegen, damit es unseren Kindern gut geht.

So kommt es auch, dass wir das erste Mal auf die Weihnachtsfeier der Lebenshilfe gehen. Dort treffen wir uns mit einem befreundeten Ehepaar aus der Down-Gruppe, sie sind Eltern zweier Mädchen, ihre Achtjährige hat das Downsyndrom. Zu dem Fest werden sehr viele behinderte Erwachsene von Bussen aus allen möglichen Wohngruppen herbeigefahren. Immer mehr Menschen strömen in das große Bürgerhaus. Wir sind sehr erschrocken und betroffen, wie schlimm manche behindert sind.

Meine Freundin meint, dass ist hier wie in einer großen Freakshow. „Ja", sage ich, „und das Verrückteste daran ist, wir sind ein Teil davon." Wir lachen und nehmen es mit Humor.

Im Laufe der Feier gewöhnt man sich irgendwie an den Anblick dieser Andersartigkeit. Alle essen, trinken und feiern ein bisschen, jeder wie er kann.

Manchmal fühle ich mich immer noch fehl am Platz mit Florian, das ist heute auch wieder so ein Moment. Und selbst mir, als betroffene Mutter, fällt es immer noch schwer auf diese Menschen zuzugehen und mit solchen Situationen zurechtzukommen.

Hoffentlich schaffe ich es irgendwann meine Hemmungen zu überwinden, so wie ich es von den anderen Menschen ja auch für meinen Florian erwarte. Das sie ihn so normal wie möglich behandeln.

Am Ende zählt nur die Liebe

Das Jahr geht zu Ende. Es waren sehr schöne ereignisreiche Monate. Florian kann von Tag zu Tag besser lesen, er schafft sogar so manches Erstlesebuch, worüber wir sehr froh sind. Natürlich sind es im Vergleich mit anderen Zehnjährigen Welten, die sich auf tun. Rechnen mit Plus und Minus klappt gerade so im Zwanziger Bereich und oft nur mit Hilfsmittel. Schreiben klappt in Druckbuchstaben mit vielen Fehlern, weit entfernt von Grammatik, Fremdsprachen, Multiplikation und Division. Es sind noch so viele offene Baustellen.

Nachts benötigt unser Held noch immer eine Windel, Versuche ohne enden immer mit feuchtem Bett und klatschnassem Florian. Ein Arzt meinte mal zu mir: „Ich kenne erwachsene Behinderte, die immer noch Windeln tragen." Sehr ermutigend, trotzdem hoffe ich immer noch, dass wir das Problem irgendwann in den Griff bekommen. Schließlich ist er jetzt mit seinen 10 Jahren wie ein 6 jähriger und auch normale 7 jährige sind manchmal nachts noch nicht trocken. Vielleicht schaffen wir es ja im Laufe des nächsten Jahres.

Auch bei der Kleiderwahl benötigt er noch immer Hilfe. Florian würde im dicksten Winter im T-Shirt und kurzer Hose herumlaufen und sich wundern warum es so kalt ist. Das Zähneputzen, der Toilettengang und Duschen, Essen schneiden oder einschenken von Getränken, überall hakt es noch, alles bedarf noch der Unterstützung. Essen ist nach wie vor super wichtig, wenn er dürfte würde er drei Portionen essen. Doch wir halten ihn weiterhin kurz, denn wir wollen keinen Rollmops, das wollen wir auf keinen

Fall. Darum stellen wir oft die Ohren auf Durchzug, wenn unser Rabauke wie ein Rohrspatz schimpft weil sein Bruder oder Papa mehr auf dem Teller haben.

Immer wieder müssen wir Florian auch motivieren, sich zu bewegen, draußen zu spielen, Rad fahren oder mit uns spazieren gehen, was unserer faulen Kartoffel natürlich nicht so gefällt. Da ist er aber eigentlich wie alle anderen Kinder, die auch am liebsten den ganzen Tag vor dem Computer oder dem Fernseher sitzen.

Nur zu gerne würde unser Entdecker alleine oder mit seinen ehemaligen Kindergartenfreunden durch das Ort ziehen oder zum Bäcker um die Ecke laufen oder woanders hin. Er fragt mich oft: „Warum kann ich nicht wie die anderen draußen spielen."
Aber momentan geht das nicht, vielleicht mal irgendwann, wenn er älter und vernünftiger ist. Er ginge ja, wie gesagt, mit jedem mit, der ihm gut zuredet oder beim Bäcker wäre er total überfordert, wenn dieser die Sorte Brötchen nicht hätte. Wahrscheinlich würde Florian in Tränen ausbrechen und ohne etwas zurückkommen, weil unser Held nicht wüsste was er anstatt nehmen soll. Auch vergisst er immer noch vieles. Gestern fragte Florian mich: „Mama, woher kommt die Milch?" „Hallo, war da nicht die Kuh?" „Kommt die Milch aus dem Pipimann?" „Oh Florian überlege mal, da war doch so was mit Zitzen dran." „Ah, aus dem Euter." „Richtig."

Im Moment ist ihm sein Alter super wichtig und jeden Tag Gesprächsthema. Seit er letztes Jahr in eine höhere Klasse gekommen ist, wo alle älter sind, hat er Probleme, das zu verarbeiten. Jetzt ist er nicht mehr der Älteste, der Chef. Nun muss er sich unterordnen, was ihm sehr schwer fällt aber für seine weitere Entwicklung war dieser Klassenwechsel nötig. Auch hat unser Sonnenschein entdeckt, dass einige Filme erst ab 12 Jahre sind, was er natürlich ganz blöde findet. „Ich möchte 12 sein, ich werde nie erwachsen." „Doch mein Schatz, es kommt schneller als du denkst." Solche Meckereien sind im Moment an der Tagesordnung. Auch Schimpfen und reden wie ein Wasserfall klappt zur Zeit super oder tausend Fragen stellen. „Mama, bin ich der heilige Florian?" Alle Versuche ihm zu erklären, dass es nur sein Namenspatron ist, scheitern. Er ist felsenfest davon überzeugt: „Mama, ich bin der echte heilige Florian." Ich gebe es auf. „Ja, wenn du meinst, dann haben wir aber ganz doll Glück dich zu kennen."

Der heilige Florian braucht abends immer noch seine Wärmflasche ins Bett, Musik anschalten, noch ein bisschen Rücken kraulen und ein Gutenachtkuss, da hält er immer noch an bestimmten Ritualen fest, denn nur so fühlt er sich sicher.
Auch geht unser aufgedrehtes Huhn, nach wie vor, nicht freiwillig ins Bett, egal wie anstrengend und ausgefüllt sein Tag war. Irgendwie kann der Kopf nicht abschalten. Wenn er müde ist verstärken sich seine Ticks, die sich von Zeit zu Zeit verändern. Im Moment ist es das Kopfzucken, Nase hochziehen oder mit den Zähnen knirschen. So laut, dass sich meine Nackenhaare aufstellen und ich Angst habe, dass seine Zähne abbrechen. Teilweise kommen da wohl autistische Züge zum Vorschein, was bei geistigen Behinderungen nicht ungewöhnlich ist.

So ist das mit unserm Florian, wir erleben Höhen und Tiefen. Wir lachen und weinen, träumen und hoffen. Wir lieben ihn von ganzem Herzen und geben ihn nie wieder her, Umtausch ausgeschlossen. Denn wir führen ein ganz besonderes Leben. Von Null auf Hundert behindert, doch trotzdem glücklich.

Meine langjährige Schulfreundin sagte mal zu mir: „Wie schaffst du das? Wenn ich erfahren hätte, dass mein Kind für immer behindert ist, wäre ich an deiner Stelle an der Situation zerbrochen."

„Was hätte ich machen sollen?", frage ich sie. „Schließlich habe ich es mir doch dummerweise gewünscht. Letztendlich wächst man in die neue Aufgabe hinein. Man lebt von Tag zu Tag und freut sich an noch so kleinen Fortschritten."

Heute kann ich wieder sagen, wir sind wirklich glücklich. Wir haben drei tolle Kinder, die ihren Weg gehen. Katharina hat ihren Traumjob gefunden und sogar eine Stelle als Leiterin einer kleinen Stadtteilbücherei bekommen. Das ist für meine Leseratte wie ein Sechser im Lotto. Martin hat die Pubertät hinter sich gelassen und entwickelt sich zu einem netten jungen Mann. Auch er hat eine Lehrstelle gefunden, worüber wir mehr als glücklich sind. Nun endlich, mit 18 Jahren hat er es sogar das erste Mal geschafft, sich am Weihnachtsbasar Florians Schule anzuschauen. Vorher wollte er mit diesem Thema nie konfrontiert werden. Endlich steht er drüber.
Auch bin ich sehr dankbar für meinen tollen Ehemann, der mich immer noch auf Händen trägt und auch nach 25 Jahren noch so liebt wie am ersten Tag. Der im Job

tapfer seinen Mann steht, damit es uns gut geht. Dafür halte ich ihm zu Hause den Rücken frei. So sind wir ein starkes Team und gemeinsam werden wir alle Stürme überstehen.

Wir wünschen uns für Florians Zukunft vor allem, dass er glücklich ist und viel Freude und Freunde im Leben hat. Das die Menschen ihn so akzeptieren, wie er ist und er ein Teil der Gemeinschaft wird.
Das seine Zyste niemals wächst und sein Lernen immer weiter voranschreitet. Vielleicht kann er später ja mal in einer Wohngemeinschaft oder im betreuten Wohnen leben, wenn er das will. Denn ich glaube nicht, dass er ewig mit uns langweiligen Eltern zusammen sein möchte. Junge Leute sollten miteinander Spaß haben und Neues entdecken. Er könnte uns ja jedes Wochenende besuchen kommen.

Diesen Gedanken finde ich schön. Florian wird seinen Weg durch Leben gehen und auch er wird glücklich werden, denn wir bleiben fest an seiner Seite, egal was auch noch kommt.

Ich denke, dass jeder Mensch sein Schicksal hat, dem er nicht entgehen kann und ich glaube fest daran, dass dieses Leben dazu dient, sich zu bewähren und um neue Erfahrungen zu sammeln. Dass es danach noch eine weitere bessere Dimension des Seins gibt, wo alle Seelen gesund und heil sind. Ich freue mich jetzt schon auf den Moment, den wahren Florian kennen zu lernen.

Deswegen bleibe ich stets positiv und versuche jeden Tag als neue Chance zu sehen. Denn das Leben ist ein

Wunder, immer in Bewegung, ständige Veränderung und manchmal auch Kampf. Doch es lohnt sich zu kämpfen und weiterzumachen, denn morgen kommt wieder ein neuer Tag.

An dieser Stelle möchte ich all den Menschen danken, die uns auf unserem Weg begleiten. Vor allem meiner Familie und meinen Freunden und diejenigen, die sich für unsere Behinderten einsetzen. Die Lehrer, die FSJ-ler, die vielen tollen Helfer ohne die so manches gar nicht möglich wäre.
Wie die Nachmittagsbetreuung, die Ferienfreizeiten, die Spielsamstage, die Wohngruppen und so vieles mehr.

Es ist so wunderbar, dass es solche Aktionen und Betreuungsmöglichkeiten für unsere besonderen Kinder gibt. Einfach nur klasse! Danke, danke, danke!

Alles was ich hier erzählt habe ist wirklich so geschehen. Nur die Namen der Freunde und Bekannten wurden absichtlich verändert, damit sie im Schutze der Anonymität bleiben.

Epilog

An alle Eltern von besonderen Kindern, ich möchte euch sagen, versteckt eure Mäuse nicht. Geht auf die Menschen zu, wenn wir uns nicht trauen, wer dann? Helft den sogenannten Normalen zu verstehen, wie sie mit unseren Kindern umgehen können. Denn was ist schon Normal und was nicht?

Zeigt ihnen, wie wichtig es für unsere Kinder ist, dabei zu sein, mitzumachen, Spaß zu haben und akzeptiert zu werden. Fragt nach in euer Stadt, in Vereinen, bei Freizeiten, manchmal genügt es ein Steinchen anzustoßen und der Berg kommt ins Rollen. Die anderen wissen oft nicht wie es schmerzt, nicht dabei sein zu können und draußen zu stehen.

Auf in eine neue Zeit der Inklusion, wo keiner sich am Anblick Behinderter stört, niemand ausgegrenzt wird und alles gemeinsam stattfindet. Wagen wir den Schritt in die Menge, stellen wir uns den Blicken und Fragen, um dann ein Teil des Großen und Ganzen zu sein. Denn wir sind die Zukunft. Nur Mut, auf in eine schönere Welt.

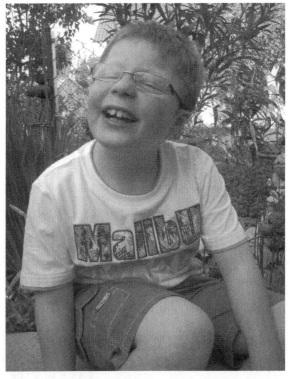

Printed in Great Britain
by Amazon